드론의 충격

드론의 충격

전쟁무기에서 긴급구호까지

하정기 지음
김영택 옮김

DRONE SHOCK

차례

일본 드론 개발과 드론 특구

최근 드론이라는 단어를 자주 듣는다. 드론의 이름이 일반인에게 널리 알려진 것은 아마 2015년 4월 무렵이 아니었을까?

4월 22일 수상관저에 드론 한 대가 추락해 있는 것이 발견됐다. 여러 개의 프로펠러를 달고 독특한 기계음을 내면서 하늘을 비행하는 소형 무인비행기. 일본 사회에서는 어쩐지 위험해 보이고, 범죄를 떠올리게 하는 수상한 비행물체로 큰 주목을 받았다.

다만 이미 몇 년 전부터 드론이라는 명칭은 얼리어답터나 무선조종기 애호가 등 일부 사람들 사이에서 널리 알려져 있었다. 맵시 있고 SF 세계를 연상시키는 독특한 형태, 기존의 무선조종기에는 없던 수많은 신기술, 그런 차세대 느낌을 풍기는 모습이 많은 사람의 마음을 매료시키고 있다.

현재 사회에서 상반된 평가를 받는 중에서도 세계적으로 유명한 대기업들이 드론 분야에서 가능성을 보고 차례차례 투자하고, 비즈니스 분야에서는 다양한 용도로 사용할 수 있는 최신 기술로 열광과 칭찬을 한몸에 받고 있다.

불안과 범죄를 불러일으키는 불길한 징조로 입에 오르내리는 한편, 기술혁신의 새로운 막을 열 것이라는 기대를 모으고 있는 드론. 상반된 평가와 찬반양론의 소용돌이 속에 있다.

자동차, 인터넷 등 과거 인간 생활에 변화를 가져온 기술이 등장할 때마다 통과한 길을 드론이 지금 나아가기 시작했다.

그렇다면 드론은 도대체 무엇일까?

드론이 사회에 던지는 충격의 정체는?

이번에 이 책을 집필하기 전에 드론에 대해서 자세히 알고 싶어 관련 자료를 찾아서 돌아다녔다. 그러나 드론에 관한 정보는 거의 없었다. 없었다고 하면 어폐가 있을지 모르겠다. 정보로는 존재하고 있었으나 전체적 모습을 알 수 있는 서적이 없었다. 그것은 드론이 시대를 앞서나가고 있기에 아직은 포괄적으로 설명할 수 없다는 것을 증명하는 것이 아닐까 생각했다.

이 책으로 드론에 대한 모든 것을 설명하는 것은 불가능하다. 다만 드론에 대해 조금이라도 알고, 이해할 수 있는 계기가 될 수 있다면 저자로서 더없이 기쁠 것 같다. 조금 더 욕심을 부리자면 드론 문화가 뿌리내리는 데 이바지할 수 있으면 좋겠다. 이것은 동시에 드론을 대하는 나의 자세를 고백하는 것이기도 하다.

이 책을 집필하면서 국내외 드론 관계자의 이야기를 들었다. 상세한 내용은 나중에 이야기하겠으나 모두 한결같이 이야기한 인상 깊었던 논점을 먼저 여기에 쓰고 싶다.

"드론은 로봇과 인간이 공생하는 시대의 막을 열 것이다."

"드론의 미래에 필요한 것은 여론의 동의이다."

이 책을 읽어주신 분들이 책을 덮었을 때, 이 두 가지 논점에 대해서 조금이라도 동의할 수 있게 된다면 고마울 것 같다.

이 책은 먼저 드론을 둘러싼 사회 상황을 정리하려고 노력했다. 찬반양론이 있는 드론이라는 존재에 대한 논점을 새롭게 정리해보려는 취지이다. 또한, 앞으로 전 세계와 일본의 드론 산업이 나아갈 방향을 독자 여러분이 정확히 파악할 수 있도록 가능한 많은 정보 소스를 모으는 작업을 했다. 일본의 자료는 물론이고 해외 자료, 그리고 해외 드론 관계자 및 직접 연구에 관여한 사람들의 목소리를 통해서 되도록 상세히 '드론의 현주소'를 그려낼 수 있도록 했다는 것을 이해해줬으면 한다.

이제 막 연구가 시작되려 하는 새로운 분야인 만큼 처음에는 정보를 얼마나 모을 수 있을지 불안했다. 하지만 취재를 계속하는 과정에서 드론 혹은 드론 산업에 대해 새로운 발견을 하고, 새로운 관점을 찾을 수 있었다고 자부한다. 특히 국제적 시각에서 일본의 드론 산업을 풀어가려는 작업은 그다지 이루어지지 않았으므로 이 책이 계기가 되어 그런 논의가 활발해지면 기쁠 것 같다.

그리고 이 책은 드론 기술을 전문적으로 해설한 소위 기술 전문서가 아니다. 아마 드론이 보급되면 유명한 연구자와 기업, 단체가 발행하는 해설서가 늘어날 것이므로 정확한 드론 기술의 현주소에 대한 것은 그쪽을 참고하는 것이 좋을 것이다.

이 책에서는 먼저 제1장에서 드론은 도대체 어떤 것인가? 현재 어떻게 활용하고 있는가? 앞으로 어떤 활용 가능성을 가졌는지를 대략 살펴보고자 한다. 여기에는 이미 활용 중인 것과 계획 중인 것 등도 포함했다. 나라마다 드론에 대한 이해가 약간씩 다르나, 사소한 차이 등은 되도록 신경을 쓰지 않고 현재 상황을 큰 틀에서 알 수 있도록 정리했다.

제2장에서는 국제 시장의 드론에 대해 다룬다. 유럽, 아메리카, 아시아의 국가들은 현재 드론에 대해서 어떤 생각을 하고, 무엇을 기대하고, 어떻게 움직이려고 할까? 세계적 드론 선구자들의 목소리와 자료를 바탕으로 그 실태에 다가가려고 한다.

제3장은 일본 드론 산업의 현주소를 정리했다. 드론을 현장에서 활용하는 기업의 연구 담당자를 직접 취재했다. 동시에 일본 정부와 지자체의 드론을 둘러싼 움직임에 대해서도 언급했다.

제4장에서는 드론과 범죄에 대해서 다룬다. 드론이 보급되기 위해서 결코 피할 수 없는 주제이다. 드론의 위험성은 실제로 어느 정도일까? 또한, 앞으로 그 위험성이 늘지는 않을까? 이미 전 세계에서 벌어진 범죄 등을 살펴보면서 미래에 생길 수 있는 범죄를 시뮬레이션해본다. 마지막 장인 제5장에서는 일본 드론 개발 제1인자인 노나미 겐조 교수와의 인터뷰를 통해 일본 드론 산업의 미래와 드론 자체의 미래를 그려본다.

앞으로 드론은 어디로 날아갈까? 먼저 드론의 역사를 되돌아보고, 이륙 지점부터 밝혀나가려고 한다.

CHAPTER
01

드론 원년의 개막

새로운 산업혁명을
예고하는 드론

생산기술 향상으로 공업화와 대량생산이 가능해지면서 경제뿐만
아니라 사회구조마저 변모시킨 산업혁명으로부터 2세기 남짓. 인
류는 지금 다시 새로운 산업혁명 시대를 맞이하려 한다.

새로운 산업혁명을 선도하는 것은 드론이다. 복수의 프로펠러를
달고 기종에 따라 자율비행도 가능한 작은 무인항공기가 지금 전
세계 사람들의 관심을 집중시키고 '하늘의 산업혁명'을 일으키려
한다.

전 세계 사람들이 이용하는 구글에서 관심도가 높은 키워드를 알
수 있는 구글 트렌드에 따르면 '드론', 'drone'이라는 키워드의 검
색 건수는 2015년 이후 상승 곡선을 그리며 급격히 오르고 있다.

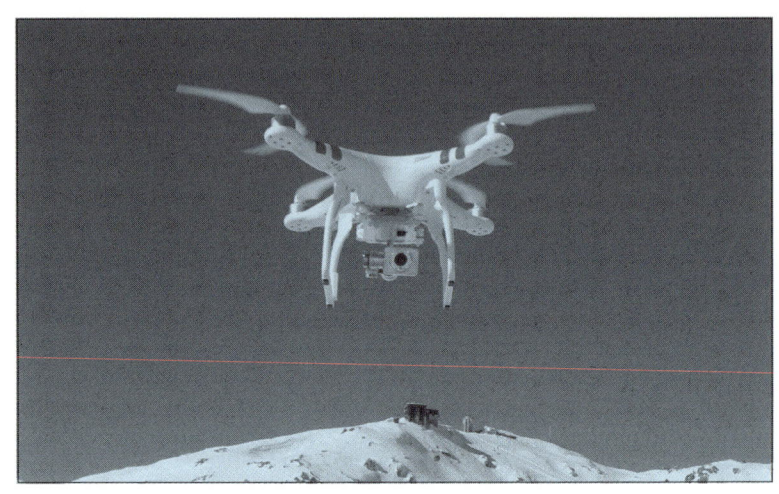

▲ 새로운 산업혁명을 선도하는 드론(DJI Phantom 2 vision+)
〈사진출처: 위키피디아〉

특히 2016년 1월에 미국 라스베이거스에서 열린 세계 최대의 가전 견본시장 컨슈머 일렉트로닉 쇼(Consumer Electronic Show, 이후 CES로 표기)의 드론 전시장 규모는 2015년 대비 면적이 200% 확장되었고, 27개 사가 참여하여 높은 관심을 보였다. 1967년부터 시작된 CES에는 과거에도 비디오테이프레코더(1970년), CD플레이어(1981년), DVD플레이어(1996년), 하드디스크레코더(1999년) 등 최신 과학기술을 활용한 가전제품이 공개되었다. 이번에는 그 장소에 드론이 모바일이나 웨어러블 기기와 나란히 성장 카테고리에 들어갔다.

일본에서도 2015년 5월 20일 처음으로 국제 드론 전시회가 개최되었다. 경제산업성과 총무성, 국토교통성이 후원하고 지바 현 마쿠하리 멧세에서 열린 이번 이벤트에는 일본, 중국, 미국 등에서 약 50여 개사가 참가했다. 여기서는 드론의 최신 기술과 활용 사례 등이 소개됐으며 3일 동안 약 1만 명의 방문객이 찾아왔다. 그런 상황을 목격하고 "2015년은 드론 원년이다"라고 이야기하는 미디어와 관계자도 적지 않다. 드론은 지금 하늘을 나는 최신 기술로 전 세계의 주목을 받기 시작했다.

하지만 한편으로 일본에서는 어쩐지 드론에 부정적 이미지가 따라붙는다.

2015년 4월 22일에 수상관저 옥상에서 드론이 발견된 사건이 결정타가 됐을 것이다. 드론에 장착된 용기 안에 들어있던 모래에서 미량의 방사선이 검출되면서 온 나라 안이 시끄러워졌다. 이 사건은 드론이라는 이름을 단숨에 세상에 알렸고, 그 후로 일본 각지에서 드론을 둘러싼 여러 가지 사건과 사고가 꼬리를 물게 됐다. 이 사건 이후 미디어에서 다뤘던 사건을 일부 소개한다.

> "MX TV의 드론, 영국대사관에서 자료 촬영 중 강풍으로 추락"(《니시니혼신문》, 4월 24일)
>
> "드론으로 카와우치 원전을 공중촬영한 영상 작가가 동영상 투고"(《산케이신문》, 4월 24일)
>
> "2015년 히로시마 플라워 페스티벌 실행위원회가 행사장 주변에서 드론 사용을 자제해 달라고 요청"(《주코쿠신문》, 5월 11일)
>
> "나가노의 젠코지 개장 법회 행렬에 드론 추락"(《마이니치신문》, 5월 9일)
>
> "드론 비행 예고, 15세 소년 산자마츠리(주: 도쿄 3대 전통축제 중

하나) 방해 용의로 체포"(《니혼게이자이신문》, 6월 1일)

하늘의 산업혁명을 선도하는 첨단기술로 주목을 받고 있으나 한 편으로 하늘의 질서를 어지럽히는 새로운 몬스터로 논의의 중심이 된 드론. 과연 그것의 정체는 무엇일까?!

군사기술로 발달한
드론의 역사

일본에서는 무인 소형 항공기를 모두 드론이라고 부르는 것이 정착되어 있으나 세계적으로는 다양한 이름으로 부른다.

무인항공기를 의미하는 Unmanned Aerial Vehicle을 줄여서 'UAV'라고 부를 때도 있으며 Unmanned Aircraft System을 줄여서 'UAS' 혹은 Remote Piloted Aircraft System을 줄여서 'RPAS'라고도 부른다. 제조업체에 따라서는 멀티콥터, 쿼드콥터라고도 한다. 이처럼 다양한 호칭이 있으나 최근 국제적으로 모두 드론이라고 부르는 것이 일반적이다.

그럼 왜 무인항공기를 드론이라고 부를까?

드론의 영어표기인 'drone'을 사전에서 조사하면 '수벌'로 표기되어 있으며, 윙하는 낮은 소리라고도 표기된다. 일정한 소리를 지속한다는 의미를 가진 음악용어로 설명하는 백과사전도 있다.

하늘을 자유자재로 나는 모습은 수벌처럼 보이고, 여러 개의 프로펠러가 내는 소리는 날갯소리처럼 일정한 리듬으로 들린다. 그러나 무인 비행물체를 의미하는 드론이라는 말은 군사용어에서 나왔을 가능성이 크다.

그럼 무인 비행물체를 드론이라고 부르게 된 배경은 무엇일까? 그중에는 이런 일설이 있다.

1935년에 미국 해군 제독이었던 윌리엄 스탠리가 영국 해군의 군사 훈련을 시찰했을 때 일이다. 이때 영국 해군은 자국의 군사 산업체 드 하비랜드 사가 개발한 무선조종 표적기 'DH.828 퀸 비 DH.828 Queen Bee (여왕벌-옮긴이)'를 날려서 사격훈련을 했다.

스탠리 제독은 이 사격훈련에 자극을 받고 DH.828 퀸 비와 같은 표적기 개발을 부하에게 지시했다. 미국 해군은 완성한 표적기에 DH.828 퀸 비에 대한 경의를 담아 '드론(drone, 수벌)'이라는 이름을 붙였다. 이후 미국은 표적기와 무인항공기를 드론이라고 부르게 됐으며 그것이 그대로 세계 군사업계에 정착됐다고 한다. 폭격연습 등에 사용하는 표적기 등은 타깃 드론이라고도 부른다.

이런 무인표적기는 이윽고 무선기 소형화와 전자유도장치 발달에 따라 정찰기로도 활용되었으며 냉전 시대를 거치면서 각국에서 연구개발이 급속도로 진행됐다.

1969년 미국 해군이 개발한 대잠수함용 무인 헬리콥터 '대시 DASH', 1970년대 이스라엘 공군이 개발해서 배치한 'IMI 마스티프 IMI Mastiff', 1980년대 미국 국방부 산하 방위고등연구기획국이 개발한 무인항공기 '프레데터 Predator' 등이 여기에 해당한다.

프로펠러로 가동하는 헬리콥터 타입부터 고정날개에 미사일 등을 탑재한 비행기 타입까지 여러 무인항공기가 개발되어 냉전시대에 정찰기로 사용됐다. 통신 기술과 컴퓨터 기술이 진전된 20세기 후반에 드론은 단순한 정찰기에 머물지 않고 공격기로서 실전 투입을 목적으로 하게 되었다.

　　드론은 조종사가 탑승하지 않아도 적군을 파악할 수 있으며 폭격도 가능하다. 위성을 거친 원격조작이므로 격추당해도 아군 희생자가 나오지 않는다. 드론을 조종하는 사람에게 위험도 적고 죽음에 대한 공포도 없을뿐더러, 적에게 피해를 줄 수 있어 많은 나라에서 드론을 실전에 활용하게 됐다.

오폭으로 많은 희생자를 만든
'킬러 드론'

그중에서 개발을 이끌어온 미국은 21세기에 들어 적극적으로 드론을 실전에 투입하고 있다.

2001년 아프가니스탄 전쟁을 예로 들 수 있다. 9·11테러 이후 미국 정부는 아프가니스탄 산악지대와 파키스탄 국경 부근에 숨어있는 탈레반과 알카에다를 토벌하기 위해 드론을 대량 투입했다. 알카에다 사령관인 오사마 빈 라덴의 추적조사에도 드론이 활용됐다. 미국은 드론을 활용해 탈레반과 알카에다의 간부 58명을 검거했다고 한다.

2003년 발발한 이라크 전쟁에서는 드론을 활용한 대규모 공중폭격도 벌였다. 2004년 이후 미군은 드론에 미사일 등을 탑재해 공격기로도 이용하고 있다. 과격파 테러조직의 주모자와 간부들을 추적, 암살하는 킬러 드론이 점차 분쟁지역 하늘을 날아다니게 됐다.

다만 문제도 많았다. 드론은 컴퓨터 제어로 원격조작이 가능했으나 완전무결하지는 않았다. 오폭도 많았고 때문에 많은 일반 시민이 희생됐다.

미국 CIA가 2004년부터 2014년까지 10년간 파키스탄에 드론

400대를 투입해 2,000명 이상의 목숨을 앗아갔다는 보도가 있다. 또한, 미국 비영리 뉴스 제공기관인 탐사보도국Bureau of Investigative에 따르면 "미국의 드론 공격으로 2,000~3,000명의 사망자가 발생했다."라는 조사 결과가 나왔다고 한다. 실제로는 더 많은 피해자가 나왔다는 조사 결과도 적지 않다.

가령 UN 인권이사회가 의뢰한 전문가팀의 조사에 따르면 2004년 이후 파키스탄, 아프가니스탄, 예멘 등 3개국에서 적어도 민간인 479명이 드론 공격에 휘말려서 사망했다. 특히 파키스탄에서 드론으로 인한 사망자는 2,200명을 웃돌며 그중 민간인이 약 400명, 그리고 200명 이상이 비전투원일 가능성이 있다고 한다.

한편 미국의 두뇌집단인 뉴 아메리카 파운데이션New America Foundation이 조사한 것에 따르면 2004년 6월~2012년 10월 사이에 미국이 파키스탄에 드론 미사일 공격을 한 것은 224건을 웃돌며 사망자는 1,886~3,191명이라는 결과가 나왔다. 그리고 탐사보도를 전문으로 하는 영국 NPO 탐사보도국The Bureau of Investigative Journalism의 조사에서는 같은 시기에 미국이 파키스탄에 드론 미사일 공격을 346번 했으며 사망자는 2,570~3,338명이라고 한다. 두 기관 모두 민간인 희생자 수를 발표하지 않았으나 영국탐사보도국이 조사한 것에 따르면 일반 시민이 휘말려서 죽은 비율은 18~26%에 이른다고 한다. 뉴 아메리카 파운데이션의 조사에서는 평균으로 약 15%였으나, 2004~2007년 사이로 한정해서 보면 50% 이상이 민간인 희생자라는 조사 결과도 내놓고 있다.

또한 영국탐사보도국의 조사에서 예멘에서도 2002~2012년 9

월에 걸쳐서 40~50건의 공격이 벌어져 사망자는 357~1,026명, 소말리아에서는 3~9건의 공격으로 58~170명의 사망자가 나왔다는 보고가 있으며, 민간인 사망자는 예멘에서 16% 전후, 소말리아에서 7~33.5%라는 데이터가 있다. 미국은 2002년 이후 예멘에서 드론 공격을 하고 있으며 공격횟수는 적어도 90~180회를 웃돈다는 설도 있다.

테러리스트 추적, 체포에 도움이 되는 한편, 오폭으로 죄 없는 일반인도 죽음으로 내모는 살인병기. 드론에는 '무자비한 암살자'라는 이미지가 따라붙는다.

군사기술에서 파생되어
산업용으로 전환된 드론

드론에는 이런 부정적 이미지가 있으나 다른 한편으로 초고성능 칩을 사용한 비행지원시스템과 위성통신을 사용한 원격자동조종 등 드론의 최첨단기술을 산업 분야와 민간 서비스 분야에서 활용하려는 움직임도 있다. 전자레인지, 컴퓨터, GPS 등도 원래는 군사연구로 만들어졌으나 산업과 민간 서비스 분야에서 사용되고 있다. 드론도 같은 길을 걷고 있다.

IT 언론인 고이케 료지도 2015년 3월 20일 비즈니스 정보 사이트 '위즈덤WISDOM'에 연재하는 칼럼에서 이렇게 쓰고 있다.

"고도의 드론 기술을 민간 서비스에 활용하자는 이야기는 예전부터 있었다. 하지만 군사 드론은 고정날개형이 주류로 이착륙에 넓은 공간이 필요해 민간에서 활용하기가 어려웠다. 그러던 중 2007년 무렵부터 등장한 쿼드콥터는 이런 상황에 큰 변화를 가져왔다. 네 개의 로터를 가진 소형 헬리콥터는 수직 이착륙할 수 있었고, 일반 가정의 현관 앞에서도 이착륙할 수 있었다. 또한, 공중에서도 정지할 수 있는 높은 조작성도 주목을 받았다."

쿼드콥터란 이름 그대로 네 개의 로터(회전날개)를 회전시켜 비행하는 무선조종 헬리콥터를 말하며, 취미용품 시장에서는 꽤 예전부터 개발이 진척된 제품이다. 쉽게 이야기하면 무선조종 헬리콥터의 최신형이라고 할 수 있다. 지금까지의 무선조종 헬리콥터는 자동안전장치 개발과 GPS 탑재로 원격조작도 가능하고 공중촬영, 농약 살포, 구조 활동 등 산업 분야에서 활용되고 있었으나, 일반 헬리콥터와 마찬가지로 싱글로터 형태였으므로 조종이 어렵고 초보자가 다루기 힘들었다. 하지만 쿼드콥터처럼 복수의 로터를 가진 멀티콥터는 동시에 균형을 맞추면서 로터를 회전시켜서 전후좌우, 360도는 물론이고, 상승과 하강비행도 가능하며 높은 안전성을 확보할 수 있기에 조종도 그리 어렵지 않다.

이런 쿼드콥터가 가진 기능성에 최첨단 드론 기술이 투입되면서 산업용 드론 개발이 급속도로 진전됐다. 그리고 IT 분야에서도 드론을 진화시킨 혁신이 일어났다. 스마트폰의 등장이다. 게다가 2010년에는 모든 최신 기술을 결집한 어떤 상품의 등장으로 군사업계와 산업계에서밖에 통용되지 않았던 드론이라는 이름이 일반인에게도 알려지게 됐다.

그 상품의 이름은 '패럿 AR 드론Parrot AR.Drone'이다. 프랑스 IT기업으로 주로 자동차용 핸즈프리 키트 개발을 오랫동안 해오며 무선멀티미디어 제품의 가능성을 추구하던 패럿이 2010년 CES에서 발표한 그것은 말 그대로 획기적이었다. 당시 CES를 취재했던 미디어 팬은 2010년 1월 7일《마이나비뉴스》지면에 'CES 2010의 전야제 CES 언베일드CES Unveiled에서 공개된 태블릿, AR 기술 등에 올해의 관심이 집결'이라는 제목으로 다음과 같이 기고했다.

"행사장에는 패럿이라는 회사가 'AR 드론AR.Drone'이라는 비행로
봇을 날리고 있었다. 4장의 프로펠러로 호버링하듯이 날아다닌다.
Wi-Fi 기능을 탑재해서 아이폰/아이팟 터치iPhone/iPod touch를 사용
한 리모트 컨트롤이 가능하다. 내장 카메라가 눈 역할을 해서 AR 드
론이라는 명칭이 말해주듯이 가상의 에일리언과 대결하는 등 AR 게
임을 즐길 수 있다."

또한 다른 미디어 팬은 'MAC 보물 감정단'이라는 블로그에서
2010년 1월 9일 'CES: 패럿 SA, 아이폰으로 조종하는 무선조종 헬
리콥터 AR 게임 'AR 드론'을 참고 출품'이라는 제목으로 패럿 AR
드론에 대해 이렇게 썼다.

"패럿 SA가 아이폰으로 조종하는 무선조종 헬리콥터 AR 드론을
시연했습니다. 이것은 아이폰, 아이팟 터치의 가속도 센서를 이용해
리모컨으로 조작하여 헬리콥터에 탑재된 소형 카메라가 보내온 영상
에 오버레이 표시된 적을 공격하는, 현실 세계를 이용한 게임 솔루션
입니다. Wi-Fi로 접속하고 전용 아이폰 앱으로 조종합니다. 단순히
간이 공중촬영을 하는 것이 아니라 헬리콥터가 보내온 영상으로 게
임을 플레이한다는 것이 참신한 것 같습니다."

당시 일본 미디어는 드론을 어디까지나 게임 플레이를 위한 과학

기술로 주목했던 느낌이었으나 세계의 시각은 달랐다. 세계적 통신사 AFP통신은 2010년 1월 7일 기사 '아이폰으로 조작하는 소형 헬리콥터 등장'에서 이렇게 보도하고 있다.

"AR 드론은 무선 LAN을 거쳐 아이폰과 아이팟 터치로 조종할 수 있는 네 개의 프로펠러를 가진 소형 헬리콥터다. 아이폰과 아이팟 터치의 가속도 센서를 사용해서 조종한다. 무게가 겨우 300g 정도인 AR 드론에는 비디오카메라가 탑재되어 있어 조종석에서 본 장면을 스트리밍 재생할 수 있다."

아이폰 앱을 사용하면 간단히 날리고 조작할 수 있으며 손쉽게 공중촬영 등 동영상 촬영을 할 수 있다. 그때까지 군사기술이라는 이미지가 강했던 드론을 누구나 친근하게 사용할 수 있게 된 것이다. 그런 분위기를 전하는 이 기사는 순식간에 전 세계로 배포되어 '드론'이라는 이름은 폭넓게 일반인에게 알려졌고 점차 획기적인 취미용 드론이 발매됐다.

중국 DJI가 개발, 판매하는 '팬텀' 시리즈가 그중 하나이다. 팬텀 시리즈는 디지털카메라를 장착하고 기체가 종횡으로 회전해도 카메라가 안정적으로 언제나 평행을 유지할 수 있는 짐벌 기능을 갖추고 있다. 2012년에 첫 모델 발매 후 이어 세 가지 모델이 발매됐으며 누계 판매 대수는 100만 대에 이른다.

앞에서 이야기한 패럿의 드론도 인기를 끌고 있다. AR 드론 시리즈는 전 세계에 60만 유닛 이상 판매되었으며 최근에는 '롤링 스파이더Roling Spider', '점핑스모Jumping Sumo'라는 콤팩트 타입 드론을 발매해서 화제가 됐다.

프랑스에는 그밖에도 에어노브AIRNOV, 말로 테크Malou-tech 등 드론 개발업체가 있으며 미국에는 3D 로보틱스3D ROBOTICS, 에어독AIRDOG, 블레이드BLADE, 유닉YUNEEC, 에어웨어AIRWARE, 닉시Nixie, 사이파이웍스Cyphy Works, 사일런트 팔콘SILENT FALCON, 잭트 맵스XACT MAPS 등 다수의 드론 개발업체가 격전을 벌이고 있다. 그리고 독일의 마이크로드론스MICRO DRONES, 헥소HEXO, 캐나다의 어큐사ACCUSA, 스웨덴의 사브에어로CybAero 등 세계의 드론 개발업체는 셀 수 없을 정도로 많다.

CES를 주최한 미국가전협회는 군사용을 제외한 2015년 드론 비즈니스의 미국 내 시장 규모가 약 1억 1,000만 달러에 이를 것으로 전망했다. 또한, 드론이 창출할 세계 시장 규모는 2023년까지 830억 달러를 넘어서고, 2025년에는 미국에서만 664억 달러를 넘으리라는 전망도 있다.

군사 분야에서 진화해온 드론은 지금 민간 분야에서 거액의 돈이 움직이는 비즈니스로 변모하고 있다.

드론의
구조와 기술

그럼 드론은 어떻게 하늘을 나는 걸까?

드론의 특징은 먼저 외관을 보면 알 수 있듯이 프로펠러가 많다는 것이다.

쿼드콥터, 멀티콥터라는 별명처럼 드론은 기체 크기와 상관없이 여러 개의 프로펠러로 구성되어 있다. 그리고 여러 개의 프로펠러가 전진과 후진 및 좌우 선회 360도 비행은 물론이고, 상승과 하강도 가능한 안정적 비행을 할 수 있게 한다.

가령 무선조종 헬리콥터는 커다란 메인로터(회전날개)가 양력과 추력을 만들고 작은 테일로터가 메인로터의 반회전토크를 상쇄시켜서 비행한다. 밸런스 확보와 로터 두 개의 회전수 조절 등 조종을 하려면 상당히 고도의 테크닉이 필요하다.

이에 비해 멀티콥터 타입인 드론은 전후좌우가 각각 회전방향이 다르며 프로펠러의 회전속도 역시 각각 조절할 수 있다. 여러 개의 프로펠러 회전수를 자이로 센서가 제어하면서 드론을 안정감 있게 회전시킨다. 각 프로펠러의 회전속도를 늘리고 줄여서 상하, 전후, 좌우로 방향전환을 한다. 프로펠러의 회전방향은 각각 다르며 이러한 회전 차이가 기체의 역회전을 상쇄해서 호버링(공중정지)을 가능하게 한다.

네 개의 프로펠러를 단 쿼드콥터 타입을 예로 들어서 드론의 비행 매커니즘을 간단히 설명해본다.

쿼드콥터 타입은 시계 방향과 반시계 방향으로 회전하는 프로펠러가 대각선으로 배치되어 있으며 네 개의 프로펠러 회전수를 조절해 전후, 상하, 좌우로 비행한다.

상승할 때는 네 개의 프로펠러 회전수를 높이면 아래쪽 방향으로 풍량이 늘면서 기체가 수직으로 부상한다. 하강할 때는 네 개의 프로펠러 회전수를 낮추면 된다. 덧붙여서 이러한 상승과 하강 액션을 '스로틀'이라고 부르며, 전진과 후진 액션을 '엘리베이터'라고 부른다. 엘리베이터는 진행 방향 앞쪽에 있는 두 장의 프로펠러 회전수를 내리고, 동시에 뒤쪽 두 장의 프로펠러 회전수를 올려서 기체를 전방으로 기울게 한 후 기운 방향으로 기체가 나아가는 시스템이다.

기체를 좌우로 이동시킬 때는 이동시키고 싶은 쪽 프로펠러 두 장의 회전수를 내리고 동시에 반대쪽 두 장의 프로펠러 회전수를 올리면 그쪽으로 나오는 풍량이 늘어나 기체가 기울고 평행이동한다. 이렇게 좌우로 이동하는 액션을 '에일러론', 수평으로 선회하는 것을 '러더'라고 한다.

모두 시계 방향의 프로펠러와 반시계 방향의 프로펠러 회전수를 각각 늘리고 줄이면 가능한 액션이다. 리모컨 조작은 송신기의 스틱 입력 각도에 따라 각각의 프로펠러 회전속도를 조절한다는 점에서 기존 무선조종 헬리콥터와 같다.

　다만 드론이 대단한 점은 프로펠러의 회전속도 조절과 기체의 비행자세 안정화를 꾀하기 위해 최첨단 소형 마이크로칩 컴퓨터가 탑재되어 있어 기체가 확실히 제어된다는 것이다. 자이로 센서와 가속도 센서 등으로 기체의 자세 변화를 탐지해서 안정된 비행자세를 자동으로 유지하는 것이다.

　게다가 최근의 드론에는 소형 디지털카메라를 설치하고 접속할 수 있으며, 사진과 영상을 송신할 수 있는 Wi-Fi 트랜스미터(송신기) 등도 장치되어 있다. 전용 앱이 설치된 스마트폰과 태블릿을 리모컨 송신기에 도킹하면 카메라 영상과 기체의 현재 위치 등 정보가 Wi-Fi 전파를 통해 리모컨 송신기에 보내진다. 이를 통해 기체에 설치된 카메라가 비추는 영상을 실시간으로 확인하면서 조종할 수 있다. 즉 기체가 보이지 않는 곳을 날고 있어도 원격조작을 할 수 있다.

　이런 여러 기능으로 초심자도 손쉽게 드론을 조종할 수 있게 됐다. 그러나 요즘 드론이 주목을 받게 된 가장 큰 요인은 GPS와 컴퍼스모듈(방위자석) 탑재로 자율비행이 가능해졌다는 점이다.

　GPS 탐지 유닛을 통해서 GPS 위성이 보내온 전파를 수신, 현재 위치를 인식하고 동시에 컴퍼스모듈로 기체의 정면이 어느 방위를 향하고 있는지를 판단한다. 이런 정보를 바탕으로 기체의 현재 위치를 추정하면서 미리 지정한 비행 루트를 따라 자율비행을 하게 된다.

　초음파와 레이저, 설치된 카메라의 영상을 처리해 상황을 탐지하

고 사람과 장해물을 피해서 자율비행하는 고성능 드론도 있다. 말
그대로 하늘을 나는 최신 IT기술의 집합체가 바로 드론이다.

드론의
공공 활용

드론이라고 해도 종류, 스펙과 성능, 가격 등은 다양하다. 현재 시중에서 판매되는 드론 대부분은 배터리 가동으로 1회 평균 비행시간은 10~25분 정도이며, 비행속도는 평균 시속 20~40km/h이다. 최고 시속은 50km/h 전후이다. 이런 수치를 바탕으로 생각하면 비행 거리는 수 km~수십 km가 된다. 가격은 최첨단 과학기술을 모두 장착한 산업용 드론일 때, 한 대 150만~200만 엔 이상 하는 것도 있다. 모터 축간거리 1,430mm, 높이 830mm에 최대 30kg까지 탑재할 수 있어 최신 캐논 카메라가 탑재된 대형 드론은 가격이 500만 엔을 넘는다.

반대로 소형에 단순한 취미용 드론은 스펙과 탑재된 기능에 따라 차이가 있으나 십여 만 엔 정도면 구매할 수 있다. 최근에는 1만~2만 엔대의 저렴한 제품도 늘고 있다. 이런 저렴한 취미용 제품들이 드론을 일반에 보급하는 원동력이 되고 있다.

드론의 활용방법은 다양하나 크게 나눠서 공공 부문 활용, 상업 부문 활용, 개인 활용이라는 세 가지 카테고리로 나눌 수 있다. 각 카테고리에서 드론을 어떻게 활용하고, 앞으로 어떤 실용성을 기대할 수 있는지 순서대로 소개한다.

먼저 공공 부문에서는 국경순찰, 산림과 해안·해상의 환경 감시, 기상정보 관측과 수집, 재해 구조, 범죄방지와 추적 등에 활용하고 있다. 가령 미국의 세관·국경경비대는 멕시코 국경 부근의 순찰에 드론을 사용한다.

그리고 중국에서는 대기오염 대책으로 드론 활용을 검토 중이다. 낙하산을 달고 하늘을 나는 드론이 스모그 제거에 효과가 있는 화학물질을 분사하면 화학물질이 상공의 스모그 속 입자와 반응해서 대기를 정화한다고 한다. 아직 실용화된 것은 아니지만, 중국은 심각한 대기오염으로 고민해온 만큼 드론에 거는 기대가 클지도 모른다.

일본은 동일본고속도로가 교량과 도로 등의 인프라 점검에 드론을 활용할 계획이다. 자동비행하는 드론이 미리 설정해 놓은 경로를 따라 교량과 도로 상태를 공중촬영한 후 수집한 사진 데이터를 해석해 이상이 확인되면 직원이 현지로 출동하여 자세히 조사한다. 예전에는 점검작업을 할 때 많은 인원과 차량을 동원해도 하루에 300~400m밖에 점검할 수 없었으나, 드론 도입으로 효율화는 물론이고 직원과 차량도 줄어 비용절감으로도 이어질 것이라 기대하고 있다.

또한, 드론은 토사붕괴나 산악에서 조난자 발견 혹은 원자력발전소의 폐원자로 등 사람이 들어가기 힘든 재난현장 조사에서도 능력을 발휘한다.

2015년 4월 네팔에서 일어난 대지진은 아직도 기억 속에 선명히 남아있다. 인도와 네팔 당국은 지상으로 도달할 수 없는 지역 탐색에 드론을 활용해서 구호 활동에 큰 힘을 보탤 수 있었다.

지진 발생 8일 후에 네팔에 들어간 일본 가나자와대학의 후지우 마코토 조교수는 수도 카트만두 등 5곳에 드론을 날려 피해 상황을 조사했다.

"피해 상황을 신속하게 파악할 수 있으면 복구 작업을 위해 인력을 어디에 얼마나 투입하면 좋은지 알 수 있다. 드론은 이런 재해에도 강력한 조사 지원용 도구가 될 수 있다."(《NHK 온라인》, '네팔 대지진 드론으로 피해 상황을 조사', 2015년 5월 25일)라는 후지우 조교수의 말처럼 현재 드론은 재해 시 빼놓을 수 없는 조사 도구가 되고 있다. 그렇기에 이미 일본의 소방 관련 부서에서도 드론의 실용화가 결정됐다.

그리고 한국에서는 2015년 3월 강원도 정선에서 발생한 산불 진화에 드론이 큰 활약을 했다. 산불은 타다 남은 불씨가 옮겨붙어 다시 화재를 일으킬 수 있으므로, 타다 남은 불씨를 완전히 끄는 것이 중요하다. 해가 떨어지면 유인 헬리콥터의 비행은 어렵고, 소방대원만으로는 산 전체를 점검하는 것도 불가능하다. 하지만 야간비행이 가능하고, 산 전체를 내려다볼 수 있는 드론을 활용해서 타다 남은 불씨를 발견함으로써 큰 피해를 줄일 수 있게 됐다. 환경감시에도 드론이 활용되고 있다. 낙동강유역환경청은 낙동강 수질관리와 녹조예찰, 화학, 수질오염사고, 환경영향평가 사업장관리, 습지보호지역 관리를 위해 드론을 도입했다.

또한, 드론은 앞으로 범죄 억제력을 가진 감시자 역할을 할 것으로 기대된다.

독일에서는 열차에 낙서하거나 기물파손을 하는 사건 때문에 골머리를 앓고 있던 독일 최대 철도회사 도이치반이 야간 정차장 상공에 드론을 띄워 보관구역 감시를 강화할 계획이다. 미국 FBI는 2006년부터 드론을 조사와 감시에 도입했다. 현재 그 수는 17대나 된다고 한다. 자동제어로 수상한 사람을 추적하는 경찰용 드론도 실용화 단계에 있으며 경찰의 데이터베이스와 연동해 얼굴 사진을 판독하는 활용법도 계획하고 있다.

이처럼 공공 부문 활용이 가능한 것은 드론에 탑재된 카메라와 각종 센서 성능이 비약적으로 향상됐기 때문일 것이다. 드론에 탑재된 카메라가 더욱 정밀한 시야 확보를 가능하게 해서 감시, 정찰, 추적 등의 분야에서도 활용할 수 있게 됐다는 견해가 일반적이다.

최근에는 적외선 센서를 이용한 야간탐색도 가능하게 됐을 뿐 아니라 다양한 센서 기능으로 가스와 방사선 검출 등에도 활용할 수 있게 됐다. 영국 브리스틀대학교 등은 드론을 활용한 방사선 관측을 목표로 연구를 거듭하고 있다.

농업과 영상 분야에서 활약하는
상업용 드론

공공 부문보다 다방면으로 드론이 활약하는 곳은 상업 부문 현장이다. 농업용 드론을 예로 들 수 있다. 농업현장에서는 예전부터 농약 살포용 무선조종 헬리콥터를 사용했으나 드론의 등장으로 수요가더욱 많아지고 있다.

농업용 드론에서 새로운 비즈니스 활로를 찾는 벤처기업 트리플에이 사의 홍보담당자는 2015년 3월 10일자 《주간 SPA!》의 취재에서 이렇게 이야기했다.

"지금까지 농약 살포용으로 사용된 싱글로터 무선조종 헬리콥터는 한 대에 1,200만 엔 정도였습니다. 하지만 현재 최신형 드론은 한대 200만 엔으로 농업용 기계 중에서도 비교적 저렴한 가격입니다. 성능 면에서도 한 번의 비행으로 약 5kg의 농약 살포가 가능하다는점에서 인기가 매우 높아지고 있습니다."

대표적인 드론 기업인 중국의 DJI도 농업현장에서 액체농약이나비표 살포가 가능한 산업용 드론 DJI 아그라스 MG-1^{DJI Agras MG-1}을 출시했다.

농업용 드론은 농약 살포 이외에도 육성상태 감시와 수목에 물을 줄 때 이용할 수 있다. 농업 효율화와 인력 부족문제 해결에도 기대를 모으고 있다.

또한, 건축현장에서도 드론의 상업적 활용이 진척되고 있다. 건설업을 하는 니소켄은 공사현장을 공중촬영해서 입체적인 지도를 만들며, 공사에서 나오는 토사의 양을 조사하는 작업에 드론을 활용하고 있다. 건설기계 제조업체인 고마쓰제작소는 2015년 2월부터 드론을 사용한 건설 현장용 ICT 솔루션 스마트 컨스트럭션이라는 서비스를 시작했다. 드론을 활용한 측량으로 지금까지 수개월이 필요했던 작업 기간을 10~15분 정도로 줄일 수 있게 됐으며 정밀도 역시 비약적으로 향상됐다고 한다. 최근에는 자동비행 제어시스템의 향상으로 댐, 고층 빌딩, 태양전지판 등 대규모 시설의 인프라 점검에도 활용된다.

상업적 이용이 무엇보다 활발한 곳은 영상산업이다. 영화업계를 예로 들자면, 고성능 HD 카메라를 탑재한 드론이 촬영 현장에서 활용되고 있다. 〈007 스카이폴〉의 앞부분에서 주인공 제임스 본드를 연기한 대니얼 크레이그가 오토바이를 타고 수상한 사람을 쫓는 장면을 기억할지 모르겠다. 그런 장면이야말로 드론으로 촬영한 것이다. 그밖에도 마이클 베이 감독의 작품 〈트랜스포머〉 시리즈, 로버트 다우니 주니어 주연의 〈아이언맨 3〉 등에서 드론이 촬영에 활용됐다.

덧붙여 2015년 3월 7일 뉴욕에서 드론으로 촬영한 영상을 모은

'뉴욕 드론 영화제'도 열렸다.

이 영화제에서는 드론으로 촬영한 5분 전후의 영상이 약 30편 소개되었으며 아이슬란드의 분화한 화산, 우크라이나의 체르노빌 원자력 발전소 사고지역의 풍경 등 모든 영상이 압권이었다. 또한, 퍼품Perfume(일본 여성 3인조 그룹-옮긴이)이 출연해서 영국에서도 화제가 된 미국 4인조 록밴드 오케이 고OK Go의 뮤직비디오 〈나는 너를 실망시키지 않아I Won't Let You Down〉 안에 담긴 2,000명의 엑스트라를 찍은 공중촬영 장면도 출품됐다.

그중에서 최우수상에 빛난 것은 〈슈퍼맨 위드 어 고프로Superman With a GoPro〉이라는 제목의 작품이다. 웨어러블 카메라를 장착한 소형 드론을 활용해 슈퍼맨의 시점으로 적과 싸우거나, 빌딩에서 떨어진 여성을 구하는 등 하늘을 자유롭게 날아다니는 영상이 화제가 됐다. 드론만이 가진 박력과 속도감이 넘치고 있었다. 이런 식의 연구와 아이디어를 모은 영상물이 앞으로도 계속 나올 것 같은 분위기였다.

드론 저널리즘, 관광 PR,
일본 럭비 대표팀도 활용

미디어 업계에서도 드론은 큰 활약을 하고 있다. 카메라를 탑재한 드론은 지리적 한계와 안전성 문제로 사람이 접근할 수 없는 장소를 렌즈에 담을 수 있으며, 동시에 막대한 비용이 들었던 항공촬영보다 저렴하면서 스케일이 큰 촬영이 가능하기 때문이다.

내셔널지오그래픽은 2014년 탄자니아에서 사자의 생태를 살피기 위해 드론을 활용했다. CNN TV는 터키 시위현장과 필리핀 태풍 재해 피해를 촬영하기 위해 드론을 투입했다.

《월스트리트저널》은 2014년에 홍콩에서 일어난 민주화 운동 시위를 드론으로 촬영했으며, CNN 등은 2015년 1월에 미국연방항공청과 보도 분야에서 드론 이용에 대한 협정을 맺었다고 보도했다. 그밖에도《뉴욕타임스》를 시작으로 미국의 거대 미디어 10개 사가 드론 이용과 관련해서 버지니아공과대학과 제휴한 사실도 발표됐다. 재해현장과 사고현장 등 위험을 동반한 촬영과 취재에 드론을 사용하는 것을 드론 저널리즘이라고 부른다.

방송프로그램에도 시청자들에게 보다 멋진 풍경을 제공해주기 위하여 드론이 활용되고 있다. 한국의 tvN '꽃보다 할배', '삼시세

끼' 그리고 EBS '다큐프라임'은 드론을 활용한 공중촬영을 선보여 화제를 모았다.

스포츠 중계 분야에서도 드론을 빼놓을 수 없다. 2014년 소치 올림픽의 스노보드와 스키 프리스타일 등 경기에서 드론이 코스를 따라 비행했다. 활주하는 선수를 상공에서 촬영한 참신하고 박력 넘치는 영상이 전 세계로 방송됐다.

미국의 스포츠 채널 ESPN은 2015년부터 이 회사가 주최한 스포츠 이벤트 엑스게임X-Games 중계에 드론을 공중촬영에 활용하기로 했으며 앞으로 골프, F1, 축구 중계에도 드론을 이용할 예정이다.

이런 TV 중계뿐 아니라 스포츠 현장에서도 드론을 활용하는 곳이 있다.

그중 유명한 곳이 바로 일본 럭비 국가대표팀이다. 2015년 9월 영국에서 개최되는 럭비 월드컵에 도전하는 일본 대표팀은 연습에 드론을 활용한다. 팀을 이끄는 에디 존스 감독은 이렇게 말했다.

"(드론으로 공중촬영한) 영상은 매우 선명하다. 전원이 어디에 있는지, 볼과 떨어졌을 때 무엇을 하는지 일목요연하게 볼 수 있다."

세로 100m, 가로 70m의 피치 안에서 총 30명의 선수(한 팀에 15명)가 하나의 타원형 공을 놓고 싸우며, 공을 상대의 인골에 가지고 가서 트라이한 숫자를 겨루는 럭비. 격렬한 육탄전 이미지가 강하지만 사실은 땅따먹기 놀이 요소가 강하고, 한정된 공간 안에서 많은 선수가 뛰므로 여러 전술을 조합하면서 전진하는 세밀한 전략이 필요하다. 전략 수립과 철저한 전술 수행을 위해서는 꾸준한 연습을 통해 포지션을 빼앗고 공간을 발견하는 능력을 익히는 것이 중요하다. 지금까지는 주로 그라운드 옆에서 평면촬영한 비디오카메라 영상 등을 활용했다. 그라운드에 설치한 특설 스탠드에서 찍을 때도 있었으나 그라운드 전체를 내려다볼 수 있을 정도로 높지 않았다.

그때 오랜 친구인 코치에게 프랑스에서 드론이 연습촬영에 활용되고 있다는 말을 듣고, 존스 감독은 2015년 4월부터 일본 대표팀 연습에 드론을 도입했다. 선수들이 연습하는 상공에 고해상도 카메라를 탑재한 드론을 띄워서 최적의 장소에 고정한다. 피치 전체를 내려다보며 촬영한 후 동영상을 선수들에게 보여주는 것이다. 선수들의 평판도 좋다. 스탠드오프 포지션인 다치카와 하루미치 선수는 "상대가 서 있는 위치의 폭과 공간을 한눈에 알 수 있어 도움이 된다."라고 이야기했으며, 스크럼하프인 야토미 유키 선수도 "(경기 중) 자신이 어떤 판단을 했는지 매우 알기 쉽다. 다음 경기에 참고할 수 있다."라며 드론이 스킬 향상에 도움이 되는 것을 인정했다.

이런 드론의 효과 덕분에 일본 럭비 대표팀은 4월 이후 연습시합에서 패배를 모르고 있으며, 한국 대표팀, 홍콩 대표팀을 연파하고 아시아 챔피언십에서 우승했다. 이 기세로 9월 월드컵에서 좋은 성적을 거두면 드론이 숨은 공로자로 더욱 주목을 받을지도 모른다.

일본 럭비 대표팀 에피소드에서도 알 수 있듯이 손쉽게 공중촬영을 할 수 있다는 점에서 최근 드론의 상업적 이용 가능성은 한층 커지고 있다.

무인기 공중촬영 전문기업인 플라이트 에디트의 타니시마 노부유키 대표도 2015년 3월 10일자《주간 SPA!》의 취재에서 드론 활용으로 비즈니스 기회가 많아졌다고 이야기했다.

"지금까지 촬영을 위해 유인비행을 활용할 때 30분 비행 비용은 70만 엔이었습니다. 하지만 최신 드론을 이용하면 어디에서나 날릴 수 있으며, 온종일 사용해도 비용은 20만~30만 엔 정도입니다. 멀티콥터의 적재 가능 중량도 비약적으로 높아지고 있기에 최신 기종은 4K 카메라로 촬영도 가능합니다. TV 관련 일 이외에도 기업 팸플릿용 촬영 등 폭넓은 곳에서 의뢰가 들어옵니다. 드론은 비즈니스에서도 매우 매력적입니다."

실제로 드론으로 공중촬영한 경치를 유튜브에 공개하는 등 각 기업의 프로모션에 사용되는 사례도 많다.

여행사 HIS도 드론을 활용한다. 이 회사는 소비자들에게 여정을 소개하기 위해 스리랑카의 시기리아록, 인도의 찬드 바오리 계단 우물 등 세계유산도 드론으로 공중촬영한 후 공식 사이트와 유튜브, 페이스북과 트위터 등 SNS에 공개했다.

시기리아록 영상은 이 회사의 2015년 4월 동영상 재생횟수 순위에서 당당히 1위를 빛냈으며 "대단하다! 멋지다! 가보고 싶다! 멋진 경치를 보여줘서 고맙습니다!"라는 댓글도 달렸다.

아마존과 DHL이 시작한
드론 물류 혁명

드론의 비즈니스 활용으로 큰 주목을 받는 분야가 또 하나 있다. 바로 물류이다. 대표적으로 거론되는 것이 아마존이 2013년 12월에 발표한 프라임 에어 서비스이다.

아마존 CEO 제프 베조스가 CBS의 다큐멘터리 방송에서 밝힌 사업구상에 따르면, 고객이 아마존 상품의 구매 버튼을 누르면 여덟 개의 프로펠러를 가진 옥토콥터 드론이 배송센터에서 상품을 출하하는 서비스이다. 배송 가능한 거리(16km까지)와 상품중량(5파운드: 약 2.3kg까지)에 제약이 있으나 차량 정체가 없는 하늘길을 사용하면 주문 후 30분 이내에 상품배송이 가능하다는 놀라운 계획이다.

아마존은 이 새로운 서비스를 위해 드론 연구자들을 다수 고용했으며 기술적으로도 실용 가능한 레벨에 도달했다고 알려졌다. 이미 캐나다, 오스트리아, 인도 등에서 테스트에 성공했으며, 베조스 CEO는 "4~5년 후에는 프라임 에어 서비스를 제공하고 싶다."라며 자신감을 보이고 있다.

또한, 독일의 대형 운송회사 DHL은 2013년부터 'DHL 파슬콥터 DHL Parcelcopter'라는 프로젝트를 시작했다. 최고 시속 64km/h로 비행하는 드론으로 물품을 배송하는 것이 목적인 이 프로젝트는 2014년 9월 26일에 처음 시작했다. 유럽 최초의 드론 배송이었던 이 프로젝트의 목적지는 북해 연안에 있는 인구 1만 7,000명의 유스트 섬. 유스트 섬과 본토 사이 페리가 왕복하고 있으나, 페리가 운항하지 않을 때라도 약품 등 의료품을 전달할 수 있는 운송 서비스로 미디어에서도 크게 다뤘다.

그밖에도 러시아에서는 시험단계이기는 하나 대형 피자 체인이 드론으로 피자 배달을 시도해 2014년 100건 이상의 배달에 성공했다. 마찬가지로 중국에서는 마윈 회장의 알리바바가 일부 이용자를 대상으로 베이징과 상하이에서 차를 주문받아 1시간 이내에 전달하기에 성공했다. 일본에서는 2015년 2월 12일자 《산케이 신문》의 다음 기사가 화제가 됐다.

'낙도에도 드론으로 배송, 노인들의 장보기 지원, 타카마츠 항에서 내년 봄에서 시행'

기사에 따르면 타카마츠 항에서 오기 섬과 메기 섬 같은 정기 항로가 없는 세토 내해의 낙도에 드론을 활용해 식료품과 의약품을 전달하고 노인들의 장보기를 지원하는 '카모메에어Kamome Air 프로젝트'가 시작됐다고 한다. 프로젝트 대표인 오노 마사토의 말에 따르면 크라우드펀딩으로 출자를 모집해 2개월 동안 100만 엔 이상 사업자금을 모았고, 이 자금을 사용해서 나고야 시의 제작업체에 드론 제작을 의뢰, 3월에 낙도 사이를 연결하는 운송 실험에 성공했다고 한다.

덧붙여 같은 물류라도 드론을 비즈니스에 유니크하게 활용하는 뉴스도 있다. 싱가포르의 현지 레스토랑 체인에서는 웨이터 대신 드론이 식사와 음료수를 제공한다고 한다. 싱가포르는 최근 젊은이들이 저임금이라 사회적 지위가 낮아진 서비스업을 멀리하고 있어 심각한 인력난으로 골머리를 앓아왔다. 이 레스토랑 체인은 드론으로 고민을 해결했다. 드론에는 카메라와 센서가 탑재되어 있다. 사람은 물론이고 드론끼리 충돌하지 않도록 프로그래밍되어 큰 사고와 말썽도 발생하지 않았다고 한다. 또한, 영국 런던의 초밥 전문점에서도 드론을 서빙에 활용하고 있다고 한다.

그밖에도 오스트리아 린츠에서 개최된 미디어아트제전 '아르스 일렉트로니카ARS Electronica 페스티벌'에서는 LED를 장착한 드론 50대가 밤하늘을 수놓으며 마치 불꽃놀이 같은 화려한 연출로 페스티벌의 하이라이트를 장식해서 큰 화제가 됐다.

2013년 4월에 영국에서 개최된 행사 '어스 아워Earth Hour 런던'에서는 할리우드 영화 〈스타트렉 다크니스Star Trek Into Darkness〉의 광고팀이 LED를 장착한 드론 30대를 편대 비행시켜 영화 홍보에 활용한 예도 있다.

2016년 인텔Intel은 CES 개막 기조 연설에서 드론 100대가 클래식 음악에 맞추어 편대 비행하는 퍼포먼스가 펼쳐지는 영상을 소개했다. 소형 드론 100대가 오케스트라가 연주한 베토벤 교향곡 5번 '운명'에 맞춰 하늘 위에서 멋진 쇼를 연출하였다. 드론을 활용한 퍼포먼스로 기네스북에 공식 기재되었다.

일반 유저를 사로잡은
취미용 드론

이런 공공 부문과 상업 부문 활용만이 아니라 일반 엔드 유저에게도 대중적인 인기와 관심을 끄는 것도 드론의 특징이다. 현재 드론의 인기는 개인 이용자의 증가가 뒷받침하고 있다는 측면도 부정할수 없다.

취미용 드론을 판매하는 세키도의 시니어 디렉터 키후세 히로미치는 이렇게 말했다.

"2013년 5월부터 중국 DJI 제품 드론을 취급했습니다만, 판매 대수가 반년마다 배로 늘고 있습니다. 가격은 14만~40만 엔 정도입니다. 작년에 팬텀이라는 기체를 풀세트로 판매한 후부터는 단숨에 인기에 불이 붙었습니다."

일본에서 드론이 판매되었던 초기에는 드론 조립 과정이 복잡해먼저 무선조종기 애호가들 중심으로 보급되었다. 나중에 완성된 기체가 발매되면서 구매자의 저변이 단숨에 넓어졌다. 또한, 기존 무선조종기와 달리 스마트폰과 태블릿 연계가 가능해졌으므로 얼리

어댑터 층에도 순조롭게 판매되는 경향이 있다고 한다. 시니어 디렉터 키후세 히로미치는 또한 다음과 같이 말했다.

"현재 DJI에서 월 3만 대 정도 제조됩니다. 일본에서는 전체 10분의 1정도 판매될 것이라 기대하며 국제적으로도 약 3년 후까지 폭발적으로 판매 대수가 늘어날 전망이라고 합니다. 우리도 일본 시장이 넓어질 것이라 예상합니다."

배터리와 전기모터를 동력으로 삼은 요즘 드론은 구조도 단순하고 유지와 보수, 수리도 간단하다. 게다가 드론에 카메라를 탑재하면 그때부터 영화나 TV 방송에서만 볼 수 있었던 공중촬영을 유저가 스스로 할 수 있다. 무선조종기 애호가들은 물론이고, 사진과 동영상을 취미로 하는 카메라 애호가에게도 드론은 활용도가 높은 아이템이 됐다.

게다가 취미용 드론 가격은 눈에 띄게 떨어지고 있다. 가령 미국의 3D 로보틱스의 대표 기종 3DR 아이리스3DR IRIS는 GPS 좌표를 활용해서 자동비행을 하는 기능을 탑재한 최고급 모델임에도 한 대 750달러, 프랑스 기업 패럿의 AR 드론도 500달러대이다.

이것들보다 질이 떨어져도 영상촬영 기능을 탑재한 드론은 160달러대부터 판매되고 있으며, 최근에는 90달러에도 미치지 못하는 저렴한 상품도 나왔다. 저렴한 가격대로 중, 고등학생 등 학생도 손쉽게 드론을 구매할 수 있게 됐다.

게다가 드론은 사용자의 목적에 맞춰서 다양한 기능을 추가하는

DIY Do It Yourself가 가능하다. 현재 인터넷에는 드론 애호가들이 모이는 여러 커뮤니티 사이트가 있으며, 각자의 드론을 소개할 뿐 아니라 부속품과 개조 키트 등을 판매하는 곳도 있다. 마니아의 호기심과 탐구심을 자극하는 취미용품이 된 것이다.

구글, 페이스북도 뛰어든 세계 드론 시장의 규모와 전망

공공 부문 서비스는 물론이고 다양한 서비스산업, 개인의 취미, 오락 현장에서도 인기를 얻고 있는 드론. 폭넓게 활용되고 있는 만큼 드론 업계에 발을 들여놓는 기업이 늘고 있다.

소니가 대표적이다. 소니는 디지털카메라 등의 눈 역할을 하는 센서 시장에서 세계 최고의 점유율을 자랑하는데, 2014년 8월 센서 기술을 활용한 드론 개발에 착수할 것이라고 발표했다. 터널과 다리 등 인프라 점검과 농작물 생육상황 등을 조사할 수 있는 드론 개발과 실용화를 위해 발 빠르게 움직이고 있다.

히타치막셀도 드론 시장 참여를 표명했다. 스마트폰으로 키워온 기술을 활용해 드론용 소형, 경량 리튬이온전지 개발 및 제품화에 뛰어들었다. 이처럼 다른 업종에서 드론 시장에 진입하는 기업이 꼬리를 물고 있다.

게다가 기존의 드론 제조업체 이외에도 전용 앱과 소프트웨어는 물론이고, 카메라, 각종 센서, 데이터 매핑과 해석기술, 고성능 배터리 등을 연구·개발하는 드론 특화형 스타트업 기업이 전 세계적으로 늘고 있다. 새로운 비즈니스 기회를 찾아서 드론 업계에 발을 들여놓는 공격적인 벤처기업도 끊이지 않고 있다. 이런 흐름에 구글과 페이스북 같은 글로벌 IT기업들도 동참하기 시작했다.

구글은 2014년 4월에 드론 제조업체 타이탄 에어로스페이스Titan Aerospace를 사들였으며 같은 해 8월에 무인 운송 프로젝트를 발표했다. '프로젝트 윙Project Wing'은 재해 시 고립된 지역에 구호물자 등을 수송하기 위한 배송 시스템으로 이미 오스트레일리아에서 실증시험에 성공했다. 구글은 2013년 기구를 이용해 인터넷 인프라가 갖춰지지 않은 지역에서도 인터넷에 접속할 수 있게 하는 '프로젝트 룬Project Loon'을 발표했는데 이 프로젝트의 발전형으로 드론이 활용되는 것이 아닐까 하는 소문도 있다.

한편 페이스북은 영국 드론 제조업체 어센타Ascenta를 매수했으며, 2015년 3월에는 인터넷 접속 환경을 제공하는 드론 '아퀼라Aquila'를 공개했다. 이 드론은 거대한 태양열전지를 탑재한 고정날개형으로, 상공에서 Wi-Fi 전파를 발신해 사막과 오지 등 일상적인 인터넷 접속 환경이 갖춰지지 않은 곳의 사람들에게 제공할 목적으로 개발을 진행하고 있으며 이미 영국에서 테스트 비행에 성공했다고 한다.

말 그대로 나는 새도 떨어트릴 기세로 하늘을 제패하는 드론. 관계 기관은 드론 시장을 전망하는 다양한 예측을 발표하고 있으며 모두 긍정적인 수치를 보인다.

예를 들어 국제무인기협회AUVSI는 2015~2017년까지 2년 사이에 미국이 얻을 드론의 경제적 효과는 136억 달러로 예측하며, 2015~2025년까지 10년 사이에는 821억 달러가 될 것으로 예상했다. 이 학회는 2025년 무렵까지 미국 안에서 3만 대 이상의 드론이 비행하고, 10만 명 규모의 신규 고용이 생길 것이라 예측했다.

영국의 컨설팅 기업인 틸 그룹Teal Group은 2010년에 30억 달러 규모였던 전 세계 드론 시장이 2014년에는 64억 달러로 2배 늘어나고, 더 나아가 2024년에는 80%의 성장세를 보여서 115억 달러 규모가 될 것이라 전망했다.

시장조사 기업인 BI 인텔리전스는 2016년 한 해 동안 드론 시장을 통해 파생될 경제적 효과가 23억 달러에 이른다고 전망하고 있다. 2015년과 2020년 사이 연평균 성장률은 5%로 예상하고 있으며, 이러한 성장은 상업용/민간용 드론이 연평균 19%로 성장하여 시장을 주도할 것으로 보고 있다.

드론 등장이 하늘의 산업혁명이라고 불리는 까닭은 연이어 발전하는 기술혁신과 급속한 시장 확대에 있다. 하지만 다른 한편으로 하늘의 질서를 지키기 위한 법 정비와 악용 방지 등 해결해야 할 문제도 많다. 일본뿐만이 아니라 전 세계가 드론에 열광하고 있으나 그 리스크를 예측하지 못하는 상황이다.

다음 장부터는 드론을 둘러싼 세계 시장의 동향 등을 소개하면서 각국의 드론 사정에 접근해보겠다.

마케팅 커뮤니케이션을 강화하는
드론버타이징(Drone-Vertising)

마켓캐스트 김형택 대표

드론은 기업의 마케팅 커뮤니케이션을 강화하기 위한 활동에도 활용되고 있다. 드론의 신기술을 활용하여 제품이 가진 미래지향적이면서 앞서 간다는 이미지를 심어주거나, 빠르다는 제품의 차별적인 속성을 전달해주기 위한 캠페인에 드론을 활용하고 있다. 이러한 다양한 광고캠페인이 시도되면서 드론Drone과 광고Advertising가 결합된 드론버타이징Dron-Vertising 이라는 신조어까지 생겨났다.

미국 필라델피아에서 대학생들을 주축으로 드론을 활용하여 광고 및 프로모션을 대행하는 드론 광고 전문 대행사인 드론캐스트DroneCast도 등장했다. 드론캐스트는 소형 드론을 활용해 사람들이 많이 모이는 곳에 제품, 행사, 공연 등을 소개하는 날아다니는 옥외빌보드Billboard 광고를 제공해 사람들의 주목을 이끌어내고 있다.

드론캐스트 방식을 러시아의 아시아 레스토랑 체인인 워커WOKKER는 음식주문 광고에 활용하였다. 점심시간에 맞춰 회사원들이 밀집한 도심의 사무실 건물에 레스토랑 광고판을 드론에 부착하여 점심 메뉴를 고민하는 직장인들이 주문할 수 있게 유도하였다. 이러한 드론 광고로 매출의 40%가 상승하는 결과를 얻었다.

브라질 셔츠 판매회사인 카마자리아 콜롬보Camisaria Colombo는 할인판매 상품정보를 드론으로 광고하였다. 블랙프라이데이를 맞아 회사 업무로 바쁜 직장인들이 사무실을 떠나 쇼핑할 수 없기 때문에 직접 찾아가는 방문판매방식으로 드론을 활용하였다. 드론에 할인 판매하는 옷들을 마네킹에 입힌 후에 직장인들이 많이 근무하는 빌딩가 근처에 광고를 노출하여 구매를 유도하였다. 타깃 고객들이 밀집한 지역에 집중적으로 노출하여 고객들의 관심을 유도하고 즉각적인 구매까지 연결한 것이다.

드론의 언제 어디서나 장소에 구애 받지 않고 무엇이든지 빠르게 전달할 수 있다는 장점을 활용한 광고도 많이 진행하고 있다.

일본 라면 브랜드인 니신Nissin은 컵라면을 3분 동안 빠르게 배달해준다는 컨셉의 컵드론cupdrones 광고 캠페인을 진행하였다. 컵라면에 물을 붓고 드론에 실어서 날려보내면 산이나 바다 등 언제 어디서나 신속하고 빠르게 식사를 할 수 있다는 내용을 드론을 활용해 보여주고 있다.

코카콜라는 행복을 전달해주는 매개체로 드론을 활용하였다. 싱가포르 건설현장에 외국인 근로자들이 많은데 이들 대부분은 가족과 떨어져 먼 타향에서 외롭고 힘들게 일하고 있다. 싱가포르 발전을 위하여 열심히 일하는 외국인 근로자들에게 고마움을 전하는 '하늘로부터 행복Happiness from the Skies'이라는 테마로 행복나누기 캠페인을 진행하였다. 싱가포르 비영리 단체인 '싱가포르 카인드니스 무브먼트Singapore Kindness Movement'와 함께 싱가포르 시민들이 직접 작성한 감사의 메시지와 함께 콜라가 담긴 상자를 드론에 실어 35층의 건설현장에 근무하는 외국인 노동자들에게 전달하였다. 감사하고 고마워하는 마음을 드론이 전달해 진정어린 따뜻한 감동으로 행복을 느끼게 해주고 있는 것이다.

드론을 활용한 제품의 차별화된 이미지를 심어준 대표적인 사례가 도요타의 '렉서스 스웜Lexus Swarm' 캠페인이다. 도요타는 2013년 '어메이징 인 모션AMAZING IN MOTION'의 두 번째 시리즈인 '스웜SWARM' 캠페인을 진행하였다. 고객의 기대를 넘는 놀라움과 감동을 전달한다는 렉서스의 새로운 슬로건인 '어메이징 인 모션AMAZING IN MOTION'의 브랜드 이미지를 제공하기 위해 구성된 캠페인이다.

캠페인 진행을 위해 렉서스의 상징인 스핀들 그릴, LED 헤드라이트, LFA 배기관 등 렉서스 자동차의 디자인을 반영한 쿼드로터(소형 드론)를 직접 제작하였다.

3D 맵핑 소프트웨어, 복잡한 알고리즘, 모션캡처 카메라 장비 등의 첨단 기술을 동원하여 드론들이 대형에 맞춰 군집을 이루며 날아다니다 떠오르는 해를 배경으로 모든 드론들이 일제히 하늘로 솟아오른다는 내용으로 구성되었다. 이러한 과정은 첨단기술이 현실세계로 들어온다는 설정을 보여줘 렉서스의 최첨단 기술과 미래지향적인 이미지를 고객들에게 전달하기 위한 것이다. 이 광고는 2014 칸 국제광고제 영상기법Film Craft부문에서 어치브먼트 인 프로덕션Achievement in production 분야에 동상을 수상하였다.

스바루SUBARU 자동차도 2015년형 '스바루 WRX STISubaru WRX STI' 모델을 출시하면서 파워, 정교함, 민첩성 등의 퍼포먼스 테스트 드라이빙 콘셉트를 드론과 경쟁하는 형태로 구성하여 보여주고 있다. 수십 개의 드론이 다양한 주행테스트 상황을 만들어 내면서 자동차가 빠르면서도 정교하게 질주하는 다이내믹한 드라이빙 퍼포먼스를 전달해주고 있다. 렉서스가 실제 드론을 제작하였다면 스바루에 등장하는 드론은 CG로 구성되었다.

현재 사생활 침해와 법적, 제도적 한계가 있지만 드론이 주는 최첨단의 이미지와 언제 어디서나 다양한 퍼포먼스 연출을 통해 고객의 몰입경험을 강화시킬 수 있다라는 매력 때문에 향후 드론을 활용한 광고캠페인은 점차 늘어날 것으로 전망된다.

대홍기획 사보 기고(2015.03)

CHAPTER
02

드론 산업 개막

성장하는
전 세계 드론 시장

새로운 과학기술 발전은 새로운 비즈니스를 낳는다. 그것은 역사가 증명한다. 가령 자동차가 18세기 후반에 증기기관이 탑재된 형태로 탄생하자, 1831년에 영국에서 증기기관을 사용한 버스가 실용화됐다. 19세기 후반에는 엔진이 탑재된 자동차가 탄생하면서 당시의 교통수단은 말에서 점차 자동차로 옮겨갔다. 현재 자동차는 일상생활에서 빼놓을 수 없는 인프라로 완전히 정착해 있으며 시장 규모는 일본에서만 60조 엔을 웃돈다.

너무 성급한 이야기일 수도 있으나, 드론 산업도 어쩌면 폭발적으로 성장해 자동차산업까지는 못 미치겠지만 거대한 시장을 형성할 가능성이 있다. 스마트폰처럼 한 명에 한 대가 당연한 '마이 드론 시대'를 꿈꾸는 드론 관계자도 적지 않다. 그만큼 드론 시장의 장래성을 유망하게 보고 있다는 얘기다. 실제로 이미 드론의 세계 시장은 확대일변도에 있으며 규모도 다양하게 추산되고 있다.

일본의 리서치 스테이션 합동회사는 '소형 무인항공기(드론)의 세계 시장 2015~2025년'이라는 보고서에서 2015년 드론 세계 시장 규모를 16억 1,000만 달러로 추정했다. 그리고 미국 방위컨설

팅사 틸 그룹은 2014년에 연간 64억 달러 규모의 드론 세계 시장은 앞으로 10년 후에 약 2배인 115억 달러까지 확대되고 20년 후에는 약 910억 달러까지 성장할 전망이라고 추산했다.

중국의《경제일보》등은 이미 세계 민간용 무인기 시장이 1,000억 달러 규모로 확대됐다고 보도했다. 드론의 세계 시장 규모에 대한 견해는 다양하나, 그래도 10~20년 후에 드론 시장이 황금기를 맞이할 것이라는 전망은 모두 공통된다. 유망한 시장인 드론을 하늘의 산업혁명이라고 비유하는 것도 꼭 과장된 표현이라고 할 수 없을지도 모른다.

드론 산업 분야는 드론의 이용목적에 따라 군사 분야와 민간 분야로 크게 나뉜다. 현재 드론 시장은 군사 분야가 대부분을 차지한다고 할 수 있다.

청소 로봇 룸바의 개발자이자 현재 사이파이웍스CyPhy Works의 CEO인 헬렌 그라이너는 세계 최대급 무인 비행체 심포지엄 '국제 무인시스템 전시회 2015AUVSI'S Unmanned System 2015'에서 드론의 성장 분야는 "군사 분야가 가장 클 것"이라고 이야기했다. "판매량으로는 취미 영역을 포함한 민간 분야가 성장하겠으나 판매액으로는 군사 분야 쪽이 큰 상황이 계속될 것이다."라는 것이 그녀의 견해였다.

실제로 사이파이웍스CyPhy Works의 파트너로 미국 육군, 공군, 연안경비대, 국토안전부 등이 이름을 올리고 있다. 사이파이웍스CyPhy Works는 약 18cm인 초소형 드론 '익스트림 액세스 포켓 플라이어 Extreme Access Pocket Flyer' 등을 개발하고 있으며, 미군의 자금지원을 받아 설계와 실험을 진행하고 있다. 덧붙여서 이 기체는 360도 시야를 가진 파노라마 카메라를 탑재하고 있어 통로와 터널이 잔해와 흙더미 등으로 봉쇄되었다고 해도 원격조종으로 조사할 수 있다고 한다.

분명히 군용 드론 시장은 커지고 있다. 2014년의 전 세계 생산액은 9억 4,200만 달러를 웃돌며 2023년에는 23억 달러로 증가할 것이라는 예측도 나오고 있다. 군사용 드론 한 대당 가격도 파격적이다. 예를 들어 미국의 군사용 드론 '프레데터Predator'의 가격은 약 3,000만 달러라고 한다.

세계 최대의 드론 생산국인 미국 드론 시장에서 최대 점유율 20.4%를 차지하는 곳은 미국 군수물품 제조업체 제너럴 아토믹스 General Atomics의 군사용 드론이다. 18.9%의 점유율로 2위를 차지하고 있는 곳도 군수물품 제조업체 노스럽 그루먼Nothrop Grumman 제품이다.

그리고 미국 국무부는 2015년 2월 성명에서 살상력이 있는 무인 공격기 수출을 조건부로 가능하게 한다고 밝혔다. 미국의 방위 관련 기업은 미국보다 수출규제가 느슨한 나라의 기업에 세계 시장을 빼앗기고 있다고 예전부터 불만을 터트리고 있었는데, 이로 인해 불만도 해소될 것 같다. 드론의 역사가 군사부문에서 시작된 것은 이미 앞에서 이야기했다. 이를 바탕으로 생각하면 당분간 군사용 드론이 성장 분야의 선두에 설 것이 분명하다고 할 수 있다.

한편 최근의 급성장은 민간 분야의 드론, 즉 취미용 드론과 상업용 드론에서 이루어지고 있다. 미국 비즈니스 전문 사이트인 비즈니스인사이더에 따르면 드론 시장은 군사 분야에서 서서히 민간 분야로 이동하고 있으며, 드론의 상업적 이용은 2015년부터 20년 동안 매년 19%씩 성장할 전망이라고 한다. 군사 분야의 성장률이 5% 정도라는 것을 생각하면 앞으로 역전될 가능성도 충분하다.

민간 분야 드론 산업의 개막을 알리는 뉴스가 흘러나온 것은 2013년 12월이 아닐까? 인터넷 통신판매회사 아마존이 드론을 사용한 배송 서비스 '아마존 프라임 에어' 구상을 발표했다(제1장 참조). 현재도 유튜브에서 확인할 수 있는 이 구상의 동영상은 겨우 1분 20초 남짓이지만 주문을 받으면 드론이 바로 상품을 집으로 전달한다는 내용이다. 가까운 미래를 예측할 수 있는 임팩트 넘치는 동영상이었다. 동영상이 공개됐을 당시 철 지난 만우절 농담이라고 야유를 받기도 했으나 현재 아마존의 구상을 비웃을 사람은 아무도 없을 것이다.

항공관제를 하는 미국 연방항공청은 2015년 2월 15일에 상업용 드론 규제안 제안 공고Notice of Proposed Rulemaking를 발표했다. 드론의 비행 조건과 기술적 사용에 대한 가이드라인을 제시한 것이다. 또한, 미국 연방항공청은 같은 해 3월 아마존 로지스틱스Amazon Logistics에 '아마존 프라임 에어'의 비행실험을 승인했다. 이제 드론을 활용한 비즈니스가 미국에서 본격적으로 움직이고 있다고 보아도 좋을 것이다.

다만 민간 드론 시장에서 세계를 선도하는 곳은 미국이 아니다. 나중에 이야기하겠으나 미국은 굳이 따지자면 뒤처졌다는 느낌을 지울 수 없다. 아마존의 비행실험을 보아도 당사자인 아마존에서조차 비관적인 이야기가 나오고 있다. 뜻밖이라고 생각하는 사람도 있을지 모르겠으나, 민간 드론 시장에서 선두를 달리는 곳은 중국과 캐나다의 드론 제조업체이다.

전 세계 하늘을 나는 중국 DJI의 드론

민간 드론의 세계 시장에서 가장 존재감을 나타내고 있는 곳은 중국 제조업체인 DJI이다. 일본 경제산업성의 발표에 따르면 세계 드론 점유율에서 70%를 차지하고 있는 것은 DJI 제품이라고 한다. 2015년 4월 시점에서 로이터통신이 미국 규제 당국의 기록을 조사해보니 드론 사용으로 승인을 받은 129개 사 중 61개 사가 DJI 제품을 사용하고 있었다는 기록도 있다. 게다가 승인을 기다리는 695개 기업 중 DJI 제품 사용을 신청한 곳이 400개 가까이 된다고 하니 이 회사가 얼마나 많은 점유율을 차지하고 있는지 알 수 있다.

DJI의 정확한 매출액은 공개되지 않았으나 로이터통신은 2013년 매출을 1억 3,000만 달러, 2014년에는 5억 달러에 이른다고 보고 있으며 2015년에는 10억 달러를 훌쩍 넘을 전망이라고 전했다. 자금조달도 순조로워서 2015년 5월에는 미국 벤처캐피털인 액셀파트너스Accel Partners에서 7,500만 달러를 조달했다는 보도도 있었다. 보도에 따르면 투자를 지휘한 액셀파트너스의 사미르 간디는 "(드론 분야는) 아직 초창기이나 새로운 세계적인 과학기술 분야라고 생각한다. 그리고 DJI는 이 분야에서 최고가 될 것이라고 확신한다.”(《월스트리트저널》, ‘드론 제조업체 중국 DJI, 미국 액셀파트너스에서 7,500만 달러 조달’, 2015년 5월 7일)라고 이야기했다.

DJI의 기업가치는 현재 약 1.2조 엔이라고 하며, 기업가치가 1조 엔 대를 넘으면 일본 시장에서도 톱 100에 들어가는 규모라고 해도 좋을 것이다. 자금조달에서도 앞에서 이야기한 액셀파트너스뿐만이 아니라 클라이너 퍼킨스 코필드 앤 바이어스^{Kleiner Perkins Caufield & Byers} 등 실리콘밸리의 벤처캐피털도 관여하고 있다고 하니, 현시점에서 드론 제조업계에서 한 획을 긋는 존재라고 할 수 있겠다.

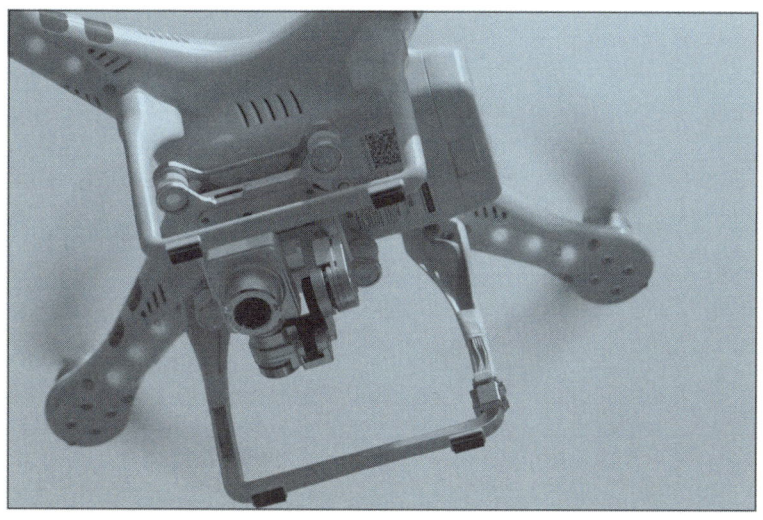

▲ 중국 DJI 사의 드론 팬텀 2 비전플러스(Phantom 2 Vision +) 모델
〈사진출처: Flickr, B Ystebo〉

DJI는 중국 광둥 성 선전 시에 본사를 둔 드론 제조업체이다.

종업원 수는 2,500명(2014년 시점)으로 대륙 출신의 창업자 프랭크 왕이 홍콩과학기술대학을 졸업 후 2006년 자본금 약 24만

9,000달러로 설립했다. 한편 현재 DJI 사 고문 리저샹은 전자공학 박사로 홍콩과학기술대학 교수와 구글 홍콩 총책임자를 거쳐 현재는 상해교통대학 교수이다. 후난성 농촌 출신이지만 미국 유학 경험이 있는 인물이다.

DJI는 2012년 기존 취미용 드론보다 성능이 좋고 상업용보다 가격이 저렴한 '팬텀' 시리즈를 발매하면서 세계적인 드론 제조업체로 도약했다.

팬텀이 폭발적 히트상품이 되면서 DJI는 드론 업계에서 확고한 지위를 구축할 수 있었다. 드론 업계 사정에 밝은 취미용품 판매업을 하는 남성은 이렇게 이야기했다.

"일본에서 드론이라면 팬텀 2Phantom 2를 말합니다. 가격도 풀세트가 15~20만 엔으로 적당해서 공중촬영 마니아와 영상제작회사 사람들이 모두 구매하고 있습니다. 고성능을 자랑하는 3축 짐벌(회전대)과 1,400만 화소의 카메라를 장착하고 있으므로 매우 아름다운 영상을 찍을 수 있습니다. 비행시간은 완전충전 상태에서 20분 정도입니다. 이래봬도 비행시간이 꽤 길어진 것입니다. DJI 드론은 20~50만 엔이라는 저렴한 비용과 취미용과 업무용의 폭넓은 수요에 대응하는 여러 기종을 판매하고 있기에 전 세계적으로 인기를 끌고 있습니다. 품귀현상마저 일어난 상황입니다."

팬텀 시리즈는 세계에서 누계 50만 대를 출하한 폭발적 히트상품이 되었으며 일본에서도 지금까지 3만 대가 출하됐다. 일본에서 드론의 존재를 널리 알린 계기가 된 것은 수상관저에 드론이 추락한 사건이었는데, 이때의 기체도 팬텀 2였다.

그리고 2015년 5월에 일본에서도 발매된 팬텀 3Phantom 3는 이런 팬텀 시리즈의 최신작이다. 가격은 프로페셔널이 17만 5,000엔, 어드밴스가 13만 9,800엔으로 일반 유저가 구매할 수 있는 가격이다. 중량은 1,280g, 최고속도는 16m/s(시속 약 58km)로 4K 동영상을 촬영할 수 있으며 GPS가 통하지 않는 실내에서도 안정된 호버링이 가능하다. 조작을 잘못해서 사람을 다치게 하거나, 주차 중인 차를 상하게 했을 때를 위한 보험도 본체 가격에 포함되어 있다.

미츠이스이토모해상과 손잡고 실현한 서비스로 최대 보상금액은 대인사고가 1억 엔, 대물사고가 5,000만 엔이다.

그렇다면 DJI는 어떻게 '팬텀'이라는 히트상품을 만들 수 있었을까?

2015년 5월에 개최된 국제 드론 심포지엄(마쿠하리 멧세)에서 DJI 재팬 오도 대표이사는 그 요인을 다음과 같이 분석했다.

"선전은 중국에서도 가장 우수한 인재가 모인 곳입니다. 그리고 주변에 전자 디바이스 회사가 많습니다. 아이폰을 만드는 공장도 가까이 있으며, 유명한 휴대전화 디바이스, 다양한 전자 디바이스 제조업체가 있습니다. 그리고 홍콩과 가까워 글로벌 사업을 펼치기에 매우 유리한 장소입니다."

주지하다시피 중국은 세계 스마트폰 주요 제조거점이다. 스마트폰과 드론은 GPS나 다양한 센서, 소형 고성능 배터리를 탑재하는 등 매우 공통점이 많다. 스마트폰 생산기술은 드론 생산기술로 활용할 수 있는 부분이 많기에 DJI 역시 그런 혜택을 받고 있다는 것이다.

DJI의 드론은 하드웨어뿐 아니라 소프트웨어도 충실하다. 기존 팬텀 시리즈는 배터리 체크, 파라미터 조절, 업데이트하기 위해 PC와 연결해야 했으나, 최신 팬텀 3는 그런 기능을 모두 스마트폰으로 통합했다. 스마트폰을 사용해서 손쉽게 비행 전에 체크를 할 수 있기에 사용의 편리성이 비약적으로 향상됐다. 또한, 필름 메이커 FILM MAKER라는 DJI의 자작 앱을 사용하면 공중촬영한 영상을 간단히 편집할 수도 있다. 동영상을 유튜브 등에 바로 올릴 수도 있으며 소셜미디어와 연동성도 매우 좋다. DJI는 2015년 4월 말에는 중국 동영상 배포 사이트 중 가장 규모가 큰 유쿠우, 투도오와 제휴를 맺어서 온라인 공중촬영 동영상 플랫폼 구축을 위해 나아가고 있다. 팬텀 시리즈를 필두로 일반 소비자용 드론으로 존재감을 과시하는 DJI는 최근 B2B 사업을 진행하며 산업용 전용기체를 개발하고 있으며, 이미 일부 일본 기업과 연구기관에 샘플로 드론을 제공하고 있다고 한다. 오도 대표이사는 앞에서 이야기한 심포지엄에서 "아직 발표하지 않은 단계이므로 자세한 스펙을 말할 수 없으나 약간의 포인트를 소개하고 싶습니다."라며 이렇게 밝혔다.

"지금까지 본 적 없는 안전비행을 위한 시스템을 탑재하고 있습니다. 그리고 B2B의 요구사항에 맞춰서 유지보수를 매우 간단히 할 수 있도록 한 기체입니다. 또한, 미니 PC, 기타 센서, 카메라, 모듈 등을 탑재할 수 있도록 확장성을 향상했습니다. 마지막으로 애플리케이션을 개발하기 위해 오픈 API를 채택했습니다. 우리 회사의 오픈 API는 주로 카메라, 비디오, 짐벌, 와이파이 등 비행 이외 부분을 오픈해 필요하다고 여겨지는 모듈을 더욱 빨리 개발할 수 있는 구조로 되어 있습니다. 지금은 iOS, 안드로이드에 대응하고 있으며 앞으로 윈도우에도 대응할 예정입니다."

구체적이고 상세한 스펙은 알 수 없으나 취미용 드론만이 아니라 상업용 드론에서도 DJI가 앞으로 큰 존재감을 보일 것은 분명하다.

그런 세계 최대 드론 제조업체인 DJI를 좇아서 중국 드론 시장은 약동하고 있다. 2014년 7월에 열린 베이징 드론 전시회에는 60개 기업이 참가했으며, 부품 제조업체 등을 포함하면 이미 400여 개 업체가 드론 시장에 발을 들여놓고 있다는 보도도 있었다. 고용인원도 1만 명 이상이다.

드론 시장에서 활약하는 중국 제조업체는 DJI뿐만이 아니다. 산업용 드론에 특화한 개발을 주력으로 하는 업체로 제로 UAV^{ZeroUAV}도 유명하다. 그밖에도 1,000만 달러의 자금조달에 성공한 이항^{EHang}, 드론 관련 투자가 활발해지면서 주가가 다섯 배로 뛴 종센^{Zongshen} 등 많은 중국 업체가 세계 드론 시장에서 존재감을 높이고 있다.

현재 상황이라면 민간 드론 시장에서 중화 드론의 지위는 쉽게 흔들리지 않을 것 같다.

경찰과 공공기관이
드론을 활용하는 캐나다

중국 DJI가 일반 소비자용, 즉 취미용 드론으로 성공한 대표적인 기업이라면, 캐나다의 에리온Aeryon은 프로페셔널 상업용 드론으로 세계 시장을 이끌고 있다.

에리온은 2007년에 설립된 캐나다 환경부를 비롯한 미국 해군, 미국 국토안전보장부, 온타리오 주 경찰 등 공공기관과 협력한 실적이 있다. 한마디로 문제 해결을 위한 초고가, 초고성능 드론을 개발하고 있다. 에리온의 드론은 이미 다양한 곳에서 사용되고 있으므로 다른 업체보다 한발 앞서고 있다고 할 수 있다. 업계 관계자의 말에 따르면 캐나다 정부는 대학 연구실에서 시작한 에리온에 약 30억 엔의 지원금을 투입해서 개발을 지원하고 있다고 한다.

앞에서 이야기한 국제 드론 심포지엄에 참가했던 에리온의 부사장 척 로우니는 흔쾌히 인터뷰에 응했다.

"우리는 전문가용 드론만을 만듭니다. 조작하려면 특별비행운용 인증SFOC: Special Flight Operations Certificate이라는 라이센스가 필요하며, 사람 위로 날려서는 안 된다거나, 공항에서 3마일 이내라면 일단 공항 허가를 받아야 하는 등 여러 가지 규칙이 정해져 있습니다. 특별 비행운용인증은 누구나 무료로 신청할 수 있습니다."

이 한마디로 알 수 있듯이 캐나다는 드론에 대한 법과 규제를 일찍부터 만든 국가이다. 2008년에는 이미 25kg 이하 기체에 대한 규칙이 만들어졌다. 벌써 1,000여 개 사가 인증을 받고 합법적으로 하늘을 날면서 발전소와 송전선 감시에 드론이 실용화됐다.

캐나다 정부는 기업이 신청한 비즈니스 내용을 보고 개별적으로 허가를 내주고 있으며 2014년까지 운행허가증을 1,700건 정도 발급했다고 한다. 과거에는 미국 연방항공청이 드론 비행 테스트 허가를 내주지 않아서 기다리다 지친 아마존과 구글이 캐나다에서 비행 테스트를 한 적도 있을 정도로 캐나다는 드론 운용 규칙이 명확하게 만들어진 드론 선진국이다.

조금 이야기의 주제에서 벗어났으나 드론에 대한 규제가 명확하게 정해진다는 것은 드론 제조업체와 드론 산업에 불리한 것이 아니다. 오히려 규제와 법이 없는 상태보다 매우 고마운 상황이다. 앞에서 DJI 재팬 오도 대표이사도 이런 말을 했다.

"법률이 없는 상태는 아주 안 좋은 상황입니다. 우리 회사의 고객도 '어디서 날려야 합니까?', '어떻게 신청을 해야 합니까?'하는 질문을 던지는 사람이 적지 않을 정도로 지금 어떻게 하면 좋을지 알 수 없는 상황입니다. 법률이 정비돼서 어디에 신청하고, 어떤 라이센스가 있고, 어떤 보험에 가입하면 드론을 날릴 수 있다는 명확한 가이

드라인이 나와 준다면 업계는 단숨에 활성화될 것입니다."

그렇게 생각하면 2008년에 법률을 제정한 캐나다는 드론 산업에서 우위에 서 있는 셈이다. 그렇다면 캐나다의 드론 시장은 어떤 상황일까? 다시 척 로우니 부사장의 이야기로 돌아가자.

"구체적 시장 규모라면 어떻게 측정하면 좋을지…… 다만 현재 캐나다의 모든 경찰은 어떤 형태로든 드론을 이용하고 있습니다. 캐나다에는 국가 전체의 경찰이 있고, 주마다 경찰이 있습니다. 많은 경찰이 에리온^{Aeryon}의 드론을 사용합니다. 가령 사고가 일어나서 현장 검증을 할 때 예전에는 3~4시간 정도 걸렸습니다. 하지만 우리 회사의 드론을 사용하면 시간을 수십 분까지 단축할 수 있습니다. 현장 검증할 장소가 유료 고속도로라면 그동안 차는 멈춰있어야 합니다. 사람이 움직일 수 없다는 것은 비즈니스가 움직이지 않는다는 것입니다. 수익이 발생하지 않는 시간입니다. 결국, 전체적인 경제효과는 매우 나빠집니다. 드론을 사용하면 경제가 움직이지 않는 시간을 단축할 수 있으니 그런 의미에서 도시와 마을 전체에 이익이 된다고 할 수 있습니다."

에리온^{Aeryon}의 드론이 활약하는 무대는 캐나다 안에 머물지 않는다. 사람의 발길이 닿지 않는 장소의 촬영과 조사를 할 수 있는 것이 드론의 장점 중 하나이며, 2015년 4월 네팔 지진에서도 이 회사의 드론이 활약했다고 한다. 척 로우니 부사장은 또한 이렇게 말했다.

"UN, 네팔군 그리고 네 곳의 구호 기관이 사용했습니다. 재해 시에도 드론이 활약할 수 있다는 실제 사례입니다. 지진 등 재해가 일어나면 가장 먼저 해야 할 일은 현지를 시찰하고 맵핑을 하는 것입니다. 드론을 사용해서 하늘에서 현장을 파악하고 그 결과를 가지고 다양한 구조 활동을 펼칠 수 있습니다."

네팔 지진은 여진이 오랫동안 계속됐으므로 지형이 어떻게 변했는지 계속 조사하고 매일매일 새로운 맵핑을 할 필요가 있었다. 에리온Aeryon의 드론을 사용해서 산사태가 일어나지 않았는지, 도로는 사용 가능한지, 인프라 피해 상황은 어느 정도인지를 저렴한 비용으로 정확하게 파악할 수 있었다고 한다.

"가령 전기를 복구시키고자 할 때도 전신주와 전선에 어느 정도 피해가 있는지를 정확하게 파악해 평가할 필요가 있습니다. 적외선 카메라, 열감지 카메라 등을 사용해서 조사할 필요가 있습니다. 그럴 때도 드론은 매우 유용합니다."

척 부사장은 캐나다에서는 더욱 많은 기업이 드론을 상업적으로 이용할 것이라는 낙관적인 견해를 밝혔다.

"캐나다의 전력회사, 가스회사 등은 다양한 분야에서 드론을 활용한 후, 그 결과 어느 정도 경제효과가 생길지를 조사하는 단계입니다. 그들이 경제적 가치가 있다고 판단하면 드론의 대량 구매 등 다음 단계로 이야기가 진전될 것입니다."

상업용 드론이 실용화되고 유용성이 이미 증명된 캐나다. 취미용에서는 중국 업체보다 뒤처져 있으나 전문가를 대상으로 한 상업용 드론에서는 캐나다의 에리온Aeryon이 세계 최고의 자리를 차지할지도 모른다.

뜻밖에도 뒤처지고 있다?!
미국의 상업용 드론

항상 최신 과학기술을 만들어내면서 경제대국으로 군림해온 미국. 드론 사정은 과연 어떨까? 국제무인기협회^{AUVSI}는 미국 국내 드론 시장은 2025년까지 10조 엔 대의 산업이 되고 10만 명의 고용을 창출하며 매일 3만 대의 드론이 미국 본토를 비행할 것으로 예측했다.

실제로 미국의 드론 판매 대수는 2015년도에 전년 대비 65%가 증가한 42만 대에 이를 것이라는 추정도 있다.

미국은 현재 일반인이 인터넷 쇼핑 등으로 드론을 손쉽게 구매할 수 있으며 취미로 드론을 날리고 싶다는 사람도 급증하고 있다. 그리고 기업 등에서 상업적으로 이용하려는 움직임도 빨라지고 있다. 하지만 군사용과 취미용 드론에 비하면 미국의 상업용 드론이 뒤처진다는 느낌을 지울 수 없다.

가령 농약 살포에 드론 사용이 인허가된 것은 2015년 5월 들어서부터이다. 인허가를 받은 것은 야마하발동기주식회사의 'RMAX'이며, 이는 농업에서 드론 활용이 일본보다 20년 이상 뒤처졌다는 것이 된다.

원인은 미국 연방항공청이 몇 년 동안 드론 규제에 대한 방침을

정하지 못했기 때문이다. 미국 연방항공청은 2015년 2월이 돼서야 겨우 상업용 드론의 합법화와 규제를 위한 제안을 발표했으나 예정보다 4년 정도 늦은 발표였다. 상업용 드론 법규정에 대해 대략 요점을 정리해보면 사용할 수 있는 드론은 중량 25kg 이하로 유인비행기에서 떨어진 장소에서 날려야만 한다는 것이다. 또한, 주목하고 싶은 것은 비행 범위가 오퍼레이터의 시계범위 안으로 한정되며, 드론 비행에 관여하고 있지 않은 사람들의 머리 위로 비행을 금지하고 있는 점이다. 이 내용에 따르면 아마존과 구글 등이 구상하는 배송 서비스는 상당히 곤란하게 된 상황이다.

아마존은 미국 연방항공청의 규칙 안을 듣고 "미국에서 '프라임 에어'를 실현할 수 없을 것이다."라는 견해를 밝혔다. 가장 큰 문제는 비행 범위가 조종자의 시계 안으로 한정된 것이다. 아마존은 반경 16km의 배송을 구상하고 있었으므로 이대로는 계획이 주저앉을 가능성이 있을지도 모른다. 게다가 오퍼레이터의 조작이 의무사항이므로 계획하고 있던 GPS를 사용한 무인비행도 어려워졌다.

미국 연방항공청은 상업용 드론 사용을 기본적으로 인정하지 않으므로 기업이 인허가를 얻는 것은 매우 어렵다. 지금까지 신청한 342개 기업 중에서 24개 기업에만 허가를 줬다는 정보도 있다. 규제가 느슨한 유럽에서는 상업용 드론 기업이 수천 개가 있다고 추측되는 것을 생각하면 미국의 규제가 얼마나 엄격한지를 알 수 있다. 상업용 드론에 엄격한 자세를 보인 미국 연방항공청의 영향 때문인지 알 수 없으나 구글은 2014년 8월에 발표한 드론 사업 '프로젝트 윙'(드론 배송 계획)을 중단했다.

그렇지만 장기적으로 드론 업계를 독점하는 곳은 미국 실리콘밸리일 것이라는 견해가 강세이다. 미국의 조사 전문회사 CB 인사이트에 따르면 2014년 드론과 관련해 미국 신흥기업에 투입된 자금은 1억 달러 이상으로 전년도보다 배로 늘었다고 하니 앞으로의 반격이 기대된다.

실제로 미국 드론 제조업체의 분투도 눈에 띈다. 특히 샌프란시스코에 본사를 둔 3D 로보틱스는 최근 주목받는 회사이다. 잡지 《와이어드WIRED》의 전 편집장 크리스 앤더슨이 창업한 기업으로 자작 사이트를 개설한 후 오픈소스로 오토파일럿 '픽스호크Pixhawk'를 개발하는 독특한 시도로 성장해왔다.

크리스 앤더슨은 2007년 어느 날 무선조종 비행기의 원리를 조사하던 중 드론과 큰 차이가 없다는 것을 깨달았다. 당시 소형 드론 가격은 800달러에서 5,000달러가 넘는 것까지 다양했으나, 원리를 이해한 앤더슨은 300달러 정도면 충분히 판매할 수 있다고 판단했다. 당시 드론이 그렇게 고가였던 것은 지식재산권 때문이었다. 그래서 그는 오픈소스를 사용해서 싸고 누구나 만들 수 있는 드론 프로젝트를 시작했다.

그렇게 만든 것이 커뮤니티 사이트 'DIY드론DiyDrones'이다. 드론의 소프트웨어 설계도라고 할 수 있는 소스코드를 무상으로 공개, 누구나 소프트웨어 개량과 재배포를 할 수 있게 되어 있다. 이 커뮤니티에 대해서는 국제 드론 심포지엄에 참가한 맥케이 랜달닐(아두파일럿 재팬 드론 INC, ArduPilot Japan Drones INC 설립자)은 다음과 같이 설명했다.

"DIY드론의 회원 수는 6만 명이 넘으며 서로 자유롭게 정보를 공유합니다. 주로 '아두파일럿ArduPilot'이라는 소프트웨어를 중심으로 만들며, 아두파일럿의 액티브 유저는 10만~20만 명으로 추정합니다. NPO 단체인 드론코드DroneCode와 드론 기업 3D 로보틱스도 이 커뮤니티 사이트에서 배출했습니다."

참고로 드론코드 프로젝트에는 인텔과 퀄컴Qualcomm, 일본의 엔루트 등 기업도 참여하고 있다. 컴퓨터의 역사를 떠올리면 오픈소스화가 드론의 진화를 더욱 빠르게 할 가능성이 크지 않을까?

어쨌든 커뮤니티 사이트인 DIY드론을 통해서 저렴한 드론 시장이 열리기 시작했다. 이 커뮤니티는 첫해인 2007년에 25만 달러의 매출을 냈으며 2010년에는 100만 달러를 돌파했다. 앤더슨은 3D 로보틱스를 설립하고, 2015년 2월에는 퀄컴 등에서 5,000만 달러에 이르는 대규모 투자를 유치했다.

3D 로보틱스는 정확한 드론 판매량을 공개하지 않았으나, 2015년의 매출은 5,000만 달러를 넘을 전망이다. 2015년 5월에는 세계 최강의 개인용 드론이라고 평가받는 '솔로Solo'를 발매했다. 가격은 999달러로, 스마트 드론 등으로 불리며 중국 DJI 드론 팬텀 3의 라이벌이 될 것이라고 여겨지고 있다.

미국의 드론 관련 기업 중에서 또 하나 알아뒀으면 하는 곳이 스카이캐치Skycatch라는 회사이다. 고정밀 영상을 공중촬영할 수 있는 드론과 수집한 영상을 처리, 분석하는 소프트웨어를 패키지로 만들어 서비스를 제공하는 기업으로 종합건설업회사인 미국 벡텔Bechtel

등을 시작으로 건축과 광산개발, 농업 등 여러 분야의 대기업과 파트너십을 체결했다. 토목건설과 공사 분야에서 무인화 시공이 주목받는 중에 스카이캐치 사의 드론이 더 나은 효율화에 일조할 것으로 생각된다.

일본에 스카이캐치가 알려진 것은 스카이캐치가 건설기계 대기업인 고마쓰와 제휴를 맺고 있기 때문이다. 고마쓰는 2015년 2월부터 건설현장용 ICT 솔루션 스마트 컨스트럭션을 시작하고 있으며 여기에 스카이캐치의 드론이 사용된다. 작업공정을 살펴보면 먼저 드론이 하늘에서 현장을 스캔한 후 그 데이터를 사용해서 지형의 3D 모델을 제작한다. 그 후 고마쓰의 무인 불도저와 굴착기가 3D 모델을 활용해 공사를 진행하는 흐름이다. 이 솔루션으로 건설현장 측량부터 완공까지 필요한 공정 수와 인원을 줄일 수 있고, 20% 정도 비용이 절감된다고 한다.

상업용 드론 분야에서는 뒤처지고 있으나 원래 드론 기술, 생산량에서 세계 최고봉인 미국. 확실한 법 정비가 이루어지면 상업용 드론에서도 앞으로 충분히 반격할 수 있지 않을까?

앞으로 활약이 기대되는
유럽의 드론

EU에서는 2014년 9월부터 '비전 2020'이라는 민간 분야 드론 산업을 육성하기 위한 법 정비와 진흥 정책을 펼치고 있다. 그렇지만 각국의 드론 규제 정책은 약간씩 차이점을 보인다. 가령 오스트리아에서는 드론을 장난감, 모형 비행기, 25kg 이상 드론으로 분류하고, 앞의 두 가지 드론에 대해서는 규제가 없는 정책을 적용하고 있다.

나라마다 차이가 있으나 유럽을 대표하는 드론 선진국은 프랑스일 것이다. 프랑스는 2012년 상업용 드론에 대한 규제를 빠르게 마련했다. 이에 따르면 조종사는 실기와 이론 시험에 합격해야 하며, 드론이 조종사 시야 밖의 범위로 비행할 때는 조종사가 면허를 취득하고 일정 기간의 연수를 받아야 한다. 또한, 원자력발전소와 사람이 밀집한 장소 상공의 비행은 금지되어 있으며 위반하면 최고 1년의 징역과 벌금형에 처한다.

어느 정도 건실한 상업용 드론 규제가 만들어졌기에 많은 기업이 프랑스 드론 시장에 참여하고 있다. 프랑스의 드론 관련 기업은 약 1,250여 개 사를 웃돈다. 프랑스 상업용 드론 시장의 잠재력을 10억 달러로 분석하는 전문가도 있으며 현재 농업에서 활발히 활용하고 있다. 2015년에 에어이노브가 농업 활용을 위해 날린 드론의 비행 횟수는 전년 대비 4배가 늘어난 2만 회로 급증할 전망이다. 그밖에도 레드버드Red Bird는 드론을 사용해서 프랑스 국철의 철도 노선을 감시하고 있다.

드론의 실용화가 속속 진행되는 중에 프랑스에서 가장 대표적인 드론 제조업체는 파리에 본사를 둔 패럿이라고 할 수 있다. 원래는 음성 등 디지털 신호처리를 주요 분야로 하던 업체였으나 현재는 취미용 드론의 선구자적 존재로 널리 알려졌다. 특히 미니 드론 시리즈가 유명하다. 겨우 55g의 작은 기체임에도 스와이프 조작 하나로 90도, 180도 회전을 할 수 있는 드론은 이 회사의 높은 기술력을 보여주고 있다.

패럿의 2015년 1/4분기 매출은 전년도 같은 시기보다 356% 증가했다. 취미용 드론으로 한정하면 전년도 같은 시기보다 483% 증가라는 급성장을 이루었다. 이 회사의 일본, 환태평양 전무이사 크리스 로버츠를 직접 찾아갔다.

"프랑스의 드론 시장은 일본 시장과 아주 비슷합니다. 우리 회사가 만든 카테고리인 컨슈머 드론, 즉 일반 소비자용 드론은 매우 잘 팔립니다. 우리 상품의 가격은 99달러부터 1,000달러 정도로 높은 경쟁력을 가지고 있습니다. 비행뿐 아니라 다양한 즐거움을 주는 드론을 만들고 있습니다."

패럿의 높은 실적은 '비밥 드론Bebop Drone'의 매출 증가가 최대요

인으로 분석된다. 비밥 드론은 일본에서도 2015년 4월에 7만 엔대라는 저렴한 가격에 판매를 시작했다. 안타깝게도 패럿 사는 드론의 구체적인 출하 대수를 공개하지 않는다고 한다. 하지만 크리스 전무이사는 밝은 표정으로 드론 시장은 '성장 중'이라 전망했다.

　"출하 대수가 늘고 있는 것은 분명합니다. 앞으로도 성장할 시장이므로 출하 대수는 계속해서 늘어날 것이라 전망합니다."

　유럽에서 드론을 통한 배송 서비스를 실현하려고 먼저 움직인 곳은 독일이다. 물류, 우편 분야 대기업인 독일 DHL이 2014년 9월 자사의 드론 파셀콥터Parcelcopter를 독일에서 처음 띄운 것은 1장에서 이야기했다. 다만 독일 법령에는 GPS를 사용한 드론의 자율비행이 허가되지 않으며, 사람이 직접 원격조종하는 것을 의무화하고 있다. 인구가 밀집된 지역에서 이착륙하는 것과 지상 15m보다 높이 나는 것은 금지되어 있으므로 현재의 법령에 따르면 배송 서비스는 매우 한정적일 수밖에 없다.

　영국도 드론에 관한 스타트업이 비교적 빠른 나라 중 하나이다. 군용 이외에 드론을 날릴 수 있는 자격을 얻은 기업은 2012년에 약 120여 개 사에 지나지 않았으나, 현재는 500여 개 사가 넘는다. 영국도 민간항공국에서 비행 라이센스를 취득한 후 안전규정에 따르면 드론을 사용해 비즈니스를 할 수 있다.

　영국의 스카이퓨처스Sky Futures는 2014년 비즈니스 성장률이 700%에 이르렀다. 취미가 아닌 산업용 드론에 주력하는 이 회사는 드론을 활용해서 석유, 가스 관련 기업용으로 데이터를 수집, 분석한다. 현재 세계 주요 석유화학업체 30여 곳과 거래 중이며 중동, 북아프리카 등에도 거점을 갖추고 있다. 또한, 스카이퓨처스는 미국 연방항공국이 민간 드론 기업에 대해 처음 운영 승인을 한 곳이기도 하다. 영국 상원은 드론 산업이 유럽 지역에서 2050년까지 15만 개의 새로운 일자리를 만들어낼 것이라 전망하고 있어 여기에 거는 기대가 적지 않다.

최근에는 이탈리아, 프랑스, 독일 3개국이 정찰과 감시를 목적으로 독자적 군사 드론 개발 '유로 드론' 프로젝트를 추진하기로 합의하는 등 군사적 용도로도 드론을 주목하고 있다. 중국, 캐나다, 미국의 업체가 격전을 벌이는 세계 드론 시장에서 앞으로 유럽 기업이 두각을 나타낼지 이목이 집중되고 있다.

세계 최고속도?!
드론 개발에 국가 위신을 건 한국

한국에서도 드론 붐이 일기 시작했다. 한국의 드론 산업 기체조립, 설계분석 능력은 선진국의 82.2% 수준으로, 세계적으로 높은 드론 기술을 보유한 국가 중 하나라고 할 수 있다. 현재 한국항공우주산업, 대한항공, 바이로봇Byrobot, 엑스드론Xdrone, 유콘시스템Uconsystem, 한국드론, 퍼스텍Firstec 등 15개 업체가 기체조립과 설계사업에 주력하고 있다.

한국항공우주연구원은 산업용 드론 'TR-60'을 개발했다. 한국은 정부가 한 곳에 집중적으로 투자해서 유력한 개발단체를 지원하는 일이 많은데 TR-60도 예외는 아니다. 전체적인 모습은 아직 불명이나 '세계 최고속도'라는 홍보도 있다. 내년부터 실용화할 계획이라 하므로 앞으로 세계 시장에 나설 준비를 하고 있다고 생각된다.

또한, 한국의 유일한 완구용 드론 제조업체 바이로봇의 드론도 인기를 끌고 있다. 이 회사는 2014년과 비교해 500% 이상의 매출 신장을 목표로 하고 있으며 누계 판매 대수는 이미 2만 대를 돌파했다. 한국에도 중국 업체의 드론이 판매되고 있으나, 국내시장의 탈환이 눈앞에 있다는 긍정적인 전망도 있다. 물론 바이로봇 사는 해외에도 판로를 확대, 캐나다와 멕시코에서 이미 판매를 시작했으며 미국 대형 유통업체와도 계약이 임박했다고 한다. 또한, 일본 반다이 그룹과 이미 독점계약을 맺었다고 현지 미디어가 보도했다.

아마존이나 독일 DHL과 같은 배송 서비스에서도 구체적인 움직임이 보인다. 한국 최대 물류업체 CJ 대한통운이 긴급 구호물품 운송을 위해 드론을 투입한다는 보도가 있었다. CJ 대한통운은 독일의 드론 제조업체와 공동으로 2014년 하반기부터 약 6개월간 운송용 드론 'CJ 스카이도어'를 개발했다. CJ 스카이도어는 3kg의 화물을 반경 20km까지 시속 60km로 운송할 수 있다고 한다. 만약 실용화된다면 한국에서 드론을 최초로 배송 서비스에 도입한 사례가 된다.

CJ 관계자는 "아마존과 알리바바 등 글로벌 유통회사의 드론 배송 서비스에 발맞춰 CJ 대한통운도 물류시스템 전반의 혁신에 힘을 쏟고 있다. 현재 3대의 스카이도어를 개발하고 있으며 앞으로 6대로 늘릴 예정이다."(《르몽드 디플로마티크》, 'CJ 드론을 활용한 차세대 배송 시대를 연다', 2015년 5월 15일)라고 밝혔다.

한국 재벌기업도 드론 붐에 뒤처지지 않기 위해 본격적으로 드론 시장에 참가할 태세다. 삼성전자는 2015년에 들어서면서 드론을 시작으로 로봇, 3D프린터 등의 연구팀을 신설했다. 이 연구팀은 모바일 사업부에 소속되어 있으나 독자적 권한을 가지고 독립 운영된다고 한다. 삼성 관계자는 와의 인터뷰에서 삼성은 디지털 가전과 반도체 분야의 높은 기술을 가지고 있어 드론 개발은 "그렇게 어렵지 않다."라고 이야기했다(《브릿지경제》, '개발을 완료한 한화 VS

최고 기술의 삼성, 100조 원대 드론 시장 선점 전쟁', 2015년 3월 22일).

　"빠르면 2015년 하반기에 독자기술로 만든 드론을 발표할 수 있을 것 같다. 삼성전자는 이미 드론 개발에 필요한 센서, 코어 부품을 보유하고 있다. 드론을 제조하는 것은 그다지 어려운 일이 아니다. 삼성은 현재 드론으로 건물 내부 지도를 만드는 '인도어 맵' 사업도 추진 중이다. 외부 지도는 구글맵, MS맵 등이 있으나 건물 내부 지도는 아직 플랫폼과 서비스가 없으므로 비즈니스 기회가 있을 것이라 판단했다."

　한화그룹도 한국 내 드론 시장에서 우위를 차지하려는 자세를 보였다. 한화는 최근 삼성테크윈을 매입했으며 이 회사는 로봇과 영상분석 관련 연구원 80명 정도를 투입해서 독자기술로 CCTV를 내장한 드론 '큐브콥터'를 개발해 국내외에 특허출원을 한 상태였다. 어느 한국 미디어의 한화 관계자는 "기존 국방용 무인기 기술에 삼성테크윈의 영상 처리와 정밀 제어 기술 등을 합쳐 중장기적으로 무인기 시스템과 로봇산업 분야에 적극적으로 진출하려 한다."(《이데일리》, '소프트웨어 없이 한국 드론에 미래는 없다', 2015년 3월 31일)라고 이야기했다.

　삼성과 한화 등 재벌기업이 드론 산업에 참여한 것을 계기로 한국 내에서도 관련 사업이 활성화될 것이라는 전망이 지배적이다. 한국의 드론 시장 규모는 약 1,000억 원으로 추정되고 있으며, 이는 세계시장의 1.4% 수준으로 아직 시장 형성 단계에 머물러 있다. 다른 나라의 드론 시장보다 크지는 않지만 한국 업체는 글로벌 사업 전개에 익숙하므로 세계 시장에 영향을 미치는 기업이 등장할 수도 있다.

다만, 한국은 법 정비와 규제에서 상대적으로 앞서가고 있다고는 할 수 없다. 한국 항공법은 드론을 유인항공기 중 하나로 보고 있어 현재 12kg 이하 경량 드론을 위한 제도만 있고 중, 대형 드론에 대한 규제는 아직 없다. 한국에서 드론을 사용해 촬영할 때는 해당 지방항공청에 신고하고, 국방부와 수도방위사령부의 허가를 받아야 한다. 그래도 허용되는 주파수는 10mW(밀리와트)로 이 주파수로는 100~200m 정도밖에 조종할 수 없다. 또한, 한국의 항공법 시행규칙 제68조 제1항에 '무인항공장치(드론)의 조종자는 무인항공장치를 육안으로 확인할 수 있는 범위 안에서 조종해야 한다.'라고 명시하고 있기에 주파수 문제가 해결된다고 해도 실용화를 위해서는 여러 가지 제도적 문제가 남아있다.

그래도 2015년 4월 26일에는 삼성 라이온즈와 롯데 자이언츠의 프로야구 중계에 드론을 이용하는 등 드론이 일반 사회에 침투하고 있는 것은 사실이다. 한국 정부도 자국의 드론에 대한 현재 상황을 인식하고 있다. 국토교통부는 무인기 전용공역, 운용안전기준을 만들고 비행 허가절차를 간소화하려 하고 있으며, 국토교통부는 2016년 정부합동업무보고회에서 드론 산업 생태계 구축을 위해 비행성능 시험장을 조성, 전용공역내 비행 허가절차 통합처리와 비행시험장 조성을 조속히 지원하기로 했다.

드론 산업이 기대를 모으는
가장 큰 이유

구글, 인텔, 아마존, 삼성 등 세계적 기업이 모두 참여하는 드론 산업. CB 인사이트에 따르면 2014년에 벤처캐피털이 드론 분야의 사업에 투자한 액수는 1억 8,000만 달러를 웃돌고 있다고 한다.

또한, 중국 DJI와 미국 벤처캐피털 액셀파트너스는 2015년 5월 말에 드론 시장의 혁신과 성장을 추진하기 위한 기금 '스카이펀드 Sky Fund'를 설립했다. 스카이펀드는 드론 개발자의 활동과 드론을 사용한 서비스 보급을 지원할 예정이다. 기계지능, 소프트웨어, 로봇공학 등 사업에 약 25만 달러를 투자할 것이라고 한다. 미국 신문 《뉴욕타임스》에 따르면 양 사는 스카이펀드에 각각 500만 달러를 출자할 예정이다. DJI가 액셀파트너스에서 자금조달을 했다는 이야기는 앞에서 했다.

그렇다면 드론 산업은 왜 이렇게까지 주목을 받는 것일까? 세계적 기업이 드론에 주목하는 이유 중 하나로 생각할 수 있는 것은 공중촬영, 농약 살포, 감시 모니터링, 조사 매핑을 시작으로 재해대책, 경비, 인명 구조, 물자 배송 등 폭넓은 용도로 활용되는 드론의 범용성 때문이라는 것에 대해서는 이미 이야기했다. 높은 활용성과 자유도는 드론의 활동영역이 공중이라는 것은 물론이고, 다양한 페이로드(탑재물)를 조합할 수 있다는 점에서도 알 수 있다. 카메라를 탑재하면 공중촬영기로, 상품을 탑재하면 수송기로 바뀌는 등 드론은 페이로드에 따라 다양한 모습으로 변신한다.

다만 드론 산업이 이렇게까지 기대를 모으는 최대 이유는 드론을 진화시키는 소프트웨어에 있다고 할 수 있을지 모른다. 소프트웨어에 따라 엔터테인먼트, 스포츠, 테마파크, 무대예술, 부동산, 광고, 보도, 복지 등 드론의 비즈니스 영역은 무한대로 넓어지기 때문이다. 드론이 차세대 거대 컴퓨터 관련 플랫폼이 될 것이라 생각하는 경향도 있다.

실제로 현재는 드론의 하드웨어가 주목받고 있으나 앞으로는 드론의 OS 시스템과 AI, 앱 개발에 힘이 실릴 것이라는 예상도 적지 않다.

특히 드론의 플랫폼이 될 드론 OS는 치열한 패권경쟁이 예상된다. PC에 마이크로소프트, 스마트폰의 구글을 예로 들 것도 없이 드론 OS는 업계를 선도하기 위한 가장 중요한 열쇠가 될 것이다.

미국의 에어웨어Airware는 2015년 4월에 산업용 드론 전용 OS '항공정보 플랫폼Aerial Information Platform'을 발표했다. 이 전용 OS를 이용하면 인프라 점검, 환경 모니터링, 자연보호 등 사용할 수 있는 애플리케이션에 필요한 항공 데이터를 생성, 분석할 수 있다고 한다. 에어웨어 사는 구글, 제너럴일렉트릭, 인텔 등에서 출자를 받아 NASA와 공동연구를 하고 있다고 한다. 최초의 기업 유저는 제너럴일렉트릭으로, 그들의 막대한 고객을 타깃으로 한 비즈니스 전개를 예상할 수 있다.

에어웨어 CEO 조나단 다우니는 MIT에서 개최된 콘퍼런스에서 "앞으로 드론이 보급되기 위해서는 하드웨어의 진보만으로는 충분치 못하다."라고 발언한 적이 있는데, 실제로 이번에 개발된 OS로 제조업체에 따른 차이도 흡수할 수 있는 플랫폼을 개발한 것이 된다. 많은 기업이 드론 시대의 윈도우 OS를 목표로 하고 있다.

그리고 드론 산업 발전을 위해서는 애플리케이션 개발도 필요하다. 스페인의 얼 로보틱스Erle Robotics는 2015년 5월 세계 최초로 '우분투Ubuntu'를 탑재한 드론을 판매했다. 우분투는 커뮤니티가 개발하는 OS로 누구나 무상으로 사용할 수 있다. 시판 중인 OS에 뒤지지 않는 편리성으로 전 세계에 애용자가 있는 우분투의 개발자를 드론 세계에 끌어들이면 드론용 애플리케이션 개발이 촉진될 것으로 생각된다. OS, 애플리케이션의 개발과 발전에 따라 "드론 산업은 가까운 미래에 830억 달러대의 산업이 된다."라는 예측은 더욱 높은 수치로 수정되어야 할지도 모른다.

지금까지 중국, 캐나다, 미국, 유럽, 한국의 드론 상황을 순서대로 확인해봤다. 드론 산업은 이미 막이 열렸으며 하나의 산업으로 이륙하고 있다는 것을 알 수 있다. 모든 나라가 다음 도약을 목표로 세계 시장의 패권을 차지하려 움직이고 있다.

CHAPTER
03

일본 드론 개발과 드론 특구

기대는 낙관적,
현실은 비관적?

확실히 드론 산업의 세계 시장 규모가 커질 것이라 여겨지므로 일본에서도 시장에 참여하려는 기업이 서서히 늘어나고 있다. 정식으로 조사된 통계는 찾을 수 없으나 몇 가지 주변 정보로 전체 상황을 파악해보자.

먼저 일본 드론 개발 제일인자인 노나미 겐조 교수가 설립한 자율제어시스템연구소(제5장에서 상세히 설명)는 NEC와 소니 등 일본 기업 85개 사에서 기술 및 자금을 지원받아 개발을 진행하고 있다. 또한, 일본 드론 산업 관계기관이 연계해서 설립한 '미니 서베이어 컨소시엄Mini Surveyor Consortium'에는 2015년 현재 140여 개 사 정도가 참여하고 있다.

먼저 이런 정보로 드론 산업에 이미 참여한 기업, 또한 어떤 형태로든 드론을 활용한 산업에 참여하고 싶어하는 기업이 적어도 그만큼 있다고 예상할 수 있다.

2015년 5월 19일 히타치막셀이 리튬이온전지팩 분야에서 드론 시장에 뛰어들 것이라 발표했다. 그밖에 경비, 촬영, 건축현장의 드론 운용, 취미용 기체 판매, 보험회사, 도장업체 등의 참가도 눈에 띄기 시작했다.

예를 들어 세계 2위 건설기계 제조업체 고마쓰는 다른 기업보다 먼저 드론을 활용한 고정밀 측량작업을 상품화한 기업이다. 사용하는 드론은 미국 기업 스카이캐치 제품이다. 작업 정밀도에 관해서 아직 논란의 여지는 있으나, 작업 공정 수를 효율화하고 줄인다는 점에서 일정한 평가를 받고 있다.

또한, 고령자 지원사업을 하는 미카와야21 Mikawaya 21 는 노년층을 위한 택배 서비스에 드론을 활용할 생각이다. 전국적으로 법 정비가 이루어지지 않아 구체적인 서비스를 시작한 것은 아니지만, 2015년 4월에는 도쿠시마 현 카미야마 쵸에서 허가를 받고 PR 동영상 촬영을 했다. 코이부치 미호 대표는 이렇게 말했다.

"원래 30분에 500엔을 받고 장보기를 돕는 서비스를 했습니다. 일용품을 사서 전달하는 이 서비스에 대한 수요가 많아 전국에서 문의가 들어오고 있습니다. 다만 다른 사람에게 부탁하기 미안하다는 생각에 포기하는 분들도 많습니다. 그래서 소위 쇼핑 약자라고 할 수 있는 사람들에게 드론을 사용해 물건을 전달하자는 발상을 했습니다. 통상적인 장보기 서비스라면 산간지방을 우회해야 합니다. 하지만 드론은 직선거리를 비행해서 갈 수 있습니다. 시간과 업무효율도 아주 좋으며 고령자들의 경제적 부담도 줄일 수 있으리라 생각합니다."

앞으로 광고대리점과 IT기업, 카메라 제조업체가 드론 시장 진입을 강화할 동향이다. 더불어 미국에서는 자작 드론을 의미하는 DIY

드론의 시장 확대가 기대되고 있는데, 일본에서도 이 분야에 진출하는 기업이 늘어날지가 관심이 가는 부분이다.

2015년 5월 20일에 개최된 국제 드론 심포지엄에서 경제산업성 제조산업국 항공우주산업과의 이다 요이치는 일본 드론 시장의 성장 예측에 대해 다음과 같이 이야기했다.

"드론의 연간 출하액은 20년에 연간 180억 엔을 넘지 않을까 예측하고 있습니다. (중략) 새롭게 만들어진 인프라와 노화된 인프라 정비 점검 등에 드론을 활용하는 시장이 매우 크게 성장해서 전체 1/3을 넘는 점유율을 차지할 것이라 이야기하고 있습니다."

한편 일본에서 드론 판매 시장 규모에 관해서는 모 대형 드론 판매 대리점 관계자의 증언도 참고될 것 같다.

"시장예측기관의 조사결과 등을 보면 일본에서 드론 판매량은 상업용, 취미용을 포함해 전 세계 판매량의 1/10정도로 기대됩니다. 혹시 지금 나오는 이야기처럼 판매액이 10조 엔이 된다면 일본에서 약 1조 엔이 유통된다는 것입니다. 다만 일본은 드론 이용에 관한 가이드라인이 없으므로 솔직히 시장이 어디까지 확대될 수 있을지는 걱정됩니다."

여러 가지 자료를 종합한 결과 시장예측은 일정하지 않다. 군사용과 상업용, 취미용 등 무인 소형 비행기를 일괄적으로 예측한 통계가 있는가 하면, 부품 출하와 드론 운용을 포함한 통계도 있다. 무엇을 가지고 드론 시장이라고 해야 할지 매우 애매하다는 느낌이다. 다만 한 가지 공통적인 것이 있다면 시장이 상승 곡선을 그리며 확대될 것이라는 점이다.

그렇지만 일본에서는 모든 것이 순조롭다고 할 수 없다.

국제적으로 비교했을 때 일본은 드론 개발과 기술에서 세계 최상위라고 할 수 있으나 비즈니스에서 뒤떨어진 느낌을 부정할 수 없다. 비즈니스로 직결될 터인 법 정비도 역시 마찬가지다.

마쿠하리 멧세에서 열린 국제 드론 전시회의 심포지엄에 등장한 오도 DJI 재팬 대표이사는 자사 제품인 팬텀에 대해 다음과 같이 이야기했다.

"카메라는 물론이고 배터리, 모터 등 팬텀 안에는 일본 제품이 많이 들어있습니다. 어쩌면 '순 일본제'라고 할 수 있을지도 모릅니다. 일본의 기술이 없으면 높은 퍼포먼스를 자랑하는 팬텀을 만들 수 없습니다. (중략) 일본은 세계 최고의 드론 개발 기술을 가지고 있습니다. 이런 것을 살릴 수 있는 법 정비가 이루어지면 세계를 선도할 기회를 얻을 수 있을 것입니다."

일본 기술을 이용해서 세계 시장으로 날갯짓을 한 아시아 신흥기업은 적지 않다. 드론으로 나는 새도 떨어트릴 기세인 DJI 역시 그런 기업 중 하나일 것이다.

오도 대표이사의 코멘트는 일본을 위한 립서비스에 지나지 않을까? 혹시 그렇지 않다면 일본 드론 관계자에게는 상당히 뼈아픈 말이 아닐 수 없다.

용도와 가격이 전혀 다르므로 단순 비교할 수 없으나 DJI는 2014년 시점에서 월간 3만 대의 드론을 세계 각지로 판매하고 있다. 2012년부터 누계 판매 대수는 100만 대를 넘었다. 현재는 다음 단계를 목표로 산업용 드론 개발에 착수했다는 보도가 들린다.

이번에 진행한 취재만 보면 산업용 무인비행기를 제조하는 일본 기업 중 외국에서 발주가 들어오는 곳은 자율제어시스템연구소와 야마하발동기주식회사 두 곳뿐이었다. 덧붙여 취미용 드론은 일본 제조업체가 없었다. 판매 대수는 아마 연간 1,000대에 미치지 못할 것 같다. 연구와 부품 개발에서 최첨단을 달리지만 비즈니스에서 이미 차이가 벌어지고 있다.

몇 년간 일본 경제의 고민거리는 기술과 비즈니스 전개의 불균형이었다. 가전제품과 태양열 발전, 전자서적 시장에 이어서 드론 산업에서도 그런 징조가 보인다.

일본의 드론은 지금 어떤 갈림길에 서 있을까?

이 책에서는 먼저 일본 드론 개발 최전선에 서 있는 기업의 이야기를 들으면서 전망과 과제, 일본 드론 기술의 현주소를 알아보려고 한다. 그리고 일본 드론 개발의 제1인자로 알려진 노나미 겐조 교수와 그가 대표를 맡은 자율제어시스템연구소에 대해서는 5장에서 다루기로 한다.

세콤의 드론을 활용한
경비 서비스

아마존이 드론을 사용한 배송 서비스 구상을 발표하기 약 1년 전인 2012년 12월. 민간 보안 서비스 분야에서 드론 실용화를 부르짖으며 세계 최초로 소형 무인 비행 감시로봇 시작기를 공개한 기업이 있었다. 일본에서 가장 오랜 역사를 자랑하는 경비보안업체 세콤이었다.

마에다 슈지 회장은 2012년 12월 26일 《Ascii.jp×디지털》과의 인터뷰에서 방범용 드론 개발 배경을 다음과 같이 이야기했다.

"세콤은 50년 역사에서 항상 범죄 감소를 추구했습니다. 이를 위해서는 수상한 자동차와 범인에게 가까이 접근하는 것이 중요합니다. 세콤의 기술력과 함께 인프라가 정비되면 소형 비행 감시로봇을 이용한 범죄방지가 실현 가능하다고 생각합니다."

세콤은 이런 구상을 실현하기 위해 연구, 개발을 순조롭게 진행해 왔다. 2015년 5월 11일에는 6월부터 드론을 사용한 서비스를 시작한다고 정식 발표해서 미디어를 포함한 사회의 많은 관심을 끌었다.

2015년 5월 20일 마쿠하리 멧세에서 개최한 제1회 국제 드론 전시회에서는 세콤의 경비용 드론이 일반 대중에게 공개됐다. 기체는 전체적으로 은색과 흑색이 칠해진 심플하면서 시크한 쿼드콥터(로터가 4개인 헬리콥터). 세 번째 시리즈의 '로보캅'을 연상시키는 드론이었다.

그런 세콤의 경비 드론은 외국 미디어에서 좋은 평가를 받고 있다.

가령 미국 뉴스 사이트 《컴퓨터 월드Computer World》는 "다양한 비즈니스에 제공될 것이라 기대된다."라고 보도했다. 한편 미국 보안 전문 뉴스 사이트 《시큐리티 세일즈 앤 인터그레이션Security Sales & Integration》은 "세콤은 드론 이전부터 방범용 로봇 개발에 착수했었다."라고 그 역사를 언급하면서 앞으로의 비즈니스 전망에 대해 상세하게 보도했다.

원래 경비현장에서의 실용화는 드론 활용의 큰 줄기 중 하나로, 세계적으로 기대를 받는 분야이다. 세콤의 드론은 민간부문에서 사용하는 것을 목표로 하고 있으나 이미 경찰에서 드론을 도입한 나라도 있다. 도주차량 추적, 범인의 얼굴과 행동 특정, 시가지 순찰 등의 용도로 사용할 예정이다. 앞으로 경비, 방범의 정밀도 향상과 경찰관 사망 리스크 경감 등이 기대된다.

세콤의 발표에 따르면 이번에 개발된 경비용 드론에는 화상인식, 관측, 위치정보 해석 등 최신 과학기술이 탑재되었다고 한다. 또한, 경비 대상인 고객의 건물 용지를 망라하는 레이저 센서와 3D 맵, GPS 등 공간정보처리기술도 사용하고 있으므로 정확하고 신속하게 사고 대응을 할 수 있다고 한다.

세콤의 드론은 수상한 사람과 수상한 차량을 발견하면 촬영을 시작한다. 이때 공격받지 않도록, 쫓아 버리려 하거나 잡으려 해도 도망치면서 달라붙는 새나 벌레처럼 대상과 일정 거리를 유지한다. 표현이 적절치 않을지 모르나 대략 그런 기동성을 가진 드론을 상상해도 좋을 것이다.

그렇게 얻은 얼굴과 차량번호 등 정보를 실시간으로 세콤의 제어 센터에 송신한다는 계획이다. 그리고 LED 라이트를 탑재하고 있으므로 야간이나 어두운 장소에서도 촬영할 수 있다고 한다. 법률상 문제로 비행과 경비 범위는 고객의 건물 용지 안으로 한정되어 있으나, 촬영한 대상의 도주경로를 경찰에 제공하는 등 외부와 연계를 취하는 것도 가능하다.

세콤 IS 연구소에서 듣는
경비용 드론 개발의 진의

경비, 감시용 드론 기술의 최첨단을 달리는 기업의 이야기를 직접 듣고 싶어 방문한 곳은 도쿄 도 미타카 시에 있는 세콤 IS 연구소였다. IS 연구소는 세콤의 최신 기술정보 수집과 기술전략 입안, 새로운 서비스를 상정한 기술연구, 상품의 기초기술개발 등을 맡은 곳이다. 소위 세콤의 두뇌라고 할 수 있다. 이번에 공개한 경비용 드론의 연구, 개발도 IS 연구소를 중심으로 진행됐다고 한다.

"하·종·기·님 어·서·오·십·시·오."

연구소의 두꺼운 철문을 열려고 하자 스피커에서 나오는 기계음이 환영해줬다. 안내를 담당했던 연구소 직원의 말에 따르면 문 주위에는 화상인식 센서가 있어서 얼굴을 탐지하고 자동으로 인사를 한다는 것이다. 이런 인식 기술이 경비용 드론에도 사용된다고 한다. 물론 다른 직원이 통과할 때 각 직원의 이름을 말하는 것은 두말할 필요도 없다. 약간 놀란 표정으로 주위를 두리번거리고 있자니 연구소 공간의 한쪽에 있는 회의실에서 목소리가 들렸다.

"안녕하세요!"

이번에는 인간 남성의 목소리였다. 목소리의 주인공은 세콤의 상무집행임원 겸 IS 연구소 소장 코마츠자키 츠네오. 취재 당일 경비용 드론에 대한 이야기를 들려주기로 한 연구책임자였다.

"이쪽으로 오시죠. 로봇과 인간에 관한 이야기를 시작하면 최소한 5시간 정도는 걸립니다만… 괜찮을까요? 하하하"

내가 긴장한 모습을 보이자 배려해준 것인지 싹싹하게 말을 걸면서 자리에 앉는 코마츠자키 소장. 곧 "무엇이든 물어보세요."라고 말하며 진지한 표정으로 나를 바라보았다. 그래서 즉시 질문을 던졌다. 먼저 드론 개발 이유와 연혁부터 묻기로 했다.
코마츠자키 소장은 이렇게 대답했다.

"세콤에는 창업 때부터 이어져 내려온 세 가지 목표가 있습니다. 이상의 조기발견, 정확한 상황파악, 그리고 신속한 대처입니다. 이런 것들을 실현하기 위해서 하늘에서 사물을 보는 것은 유효한 방법이라고 항상 생각하고 있었습니다."

코마츠자키 소장은 감시카메라를 예로 들어 설명했다. 감시카메라는 현장에서 유효한 도구이나 장소가 고정되어 있다는 조건이 있다. 그렇기에 보고 싶은 것을 항상 볼 수는 없다. 어떤 의미에서 불확실성이 있다. 방범, 방재 등 서비스를 제공하는 측의 최종 목표는 원하는 화면을 언제나 원하는 각도에서 보는 것이다. 그래서 드론이 더욱 이상에 근접한 도구라는 것이다.

"이것은 경비분석 이외에도 마찬가지라고 할 수 있습니다. 그런 판단으로 5년 정도 전부터 드론 연구를 시작했습니다."

세콤은 현재 보안뿐만이 아니라 방재와 의료, 고령자를 위한 서비스 등 폭넓은 사업 전개를 하고 있다. 그중 어느 분야에서나 하늘에서 바라보는 시점은 매우 높은 잠재력이 있다는 것이다.

현재는 이미 경비용 드론 개발까지 마친 세콤이 애당초 하늘에서 바라보는 시점의 유용성을 인식하게 된 계기는 무엇일까? 그 점에 대해서 코마츠자키 소장은 "어느 기업과의 제휴가 계기가 됐다."라고 이야기했다.

"세콤그룹의 회사 중에 항공측량 사업을 하는 파스코라는 회사가 있습니다. 파스코는 1999년 세콤그룹에 편입됐습니다. 직후에 저는 파스코에서 상무이사로 기술 부분을 담당하게 됐습니다. 그리고 '하늘에서 사물을 본다'는 것에 대해서 많은 것을 알게 됐습니다."

코마츠자키 소장은 파스코에 근무했던 당시 방재와 행정, 항공측량과 공간기술정보 등 다양한 업무에 종사했다고 한다. 또한, 어떤 때는 모 부처의 연구 프로젝트에 참여하면서 광범위한 건물 용지를 하늘에서 분석하는 사업도 경험했다고 한다. 그리고 그런 경험은 매우 큰 감동과 깨달음을 줬다고 회상했다.

"상공에서 촬영하거나 다양한 기자재를 사용해서 관측, 스캔하면 지상에 있던 때 이상으로 많은 것을 알 수 있습니다. 어떤 사건을 대국적으로 판단할 때 이만큼 유용한 것은 없다고 할까요? 그것이 저의 솔직한 감상이었습니다. 그 후 세콤으로 돌아와 6년 전부터 연구소 소장을 맡고 있습니다만, 우리 회사의 서비스에 어떻게든 하늘에서 보는 시점을 도입하고 싶어서 초조해하고 있었습니다."

그런 세콤 앞에 등장한 것이 드론이었다.

"하늘에서 상황을 파악하고 이상을 발견하는 것이 효과적이라는 것은 파스코가 증명했으며 이미 관련 비즈니스도 제공하고 있었습니다. 다만 그것은 인공위성과 세스나를 사용해 상당히 높은 고도에서 본 시점이었습니다. 개별 기업고객의 보안은 그렇게 멀리서 볼 필요는 없었습니다. 그런데 마침 적당한 기술이 출현한 것입니다."

사실 세콤은 무인비행기를 사용한 방재시스템을 상당히 예전부터 구상하고 있었다. 20년 이상 전에는 모 대기업 제품인 고가의 무선조종 헬리콥터를 사서 연구한 적도 있었다. 세콤에는 언제나 서비스를 새롭게 변모시키기 위한 현상타파를 기본 이념으로 삼고 있었기에, 연구소에서는 그 시점에서 최신 기술을 서비스에 적용할 수 없을지 밤낮으로 주의를 기울이고 있다고 한다.

"드론이 있어서 사용하려는 것이 아니라 원하던 서비스에 드론이 적당하기에 연구를 시작하고 채용을 결정했다는 것이 올바른 답변이 라고 생각합니다."

세콤의 경비용 드론은 5월 중순을 시점으로 100여 건 이상의 문의가 있었으며 그 후로도 순조롭게 문의 건수가 늘고 있다고 한다. 외국계 거대 IT기업이 지명도가 높으므로 드론에 관해 이야기할 때는 우선 해외 동향을 거론하는 일이 많다. 다만 그들보다 먼저 실용화를 위한 연구, 개발을 계속해온 일본 기업도 적지 않다. 세콤은 틀림없이 그런 기업 중 하나일 것이다.

드론 활용이 가진 또 하나의 이점
'인간의 능력을 살린다'

세콤이 드론 활용에 적극적인 이유는 또 하나가 있다. 코마츠자키 소장은 다음과 같이 덧붙였다.

"인간의 노동력을 쓸데없이 낭비하지 않는 것도 드론을 채용하는 큰 이유 중 하나입니다. 이것은 로봇과 과학기술개발 전체에 해당하는 것으로 드론만의 일은 아닙니다만… 산업용 로봇의 실용화는 언제나 인건비 절감과 경영 효율화 문제로서 논의되기 쉬우나 인간에게 결코 부정적인 점만 있는 것은 아닙니다."

이 부분에 대해서는 약간 보충설명이 필요할 것 같다. 드론을 시작으로 하는 로봇과 최신 과학기술을 실용화하려면 반드시 두 가지 문제가 발생한다.

하나는 안전성 문제이다. 드론을 예로 들자면 비행능력과 함께 '주어진 일을 실수 없이 수행할 수 있을까?'라는 비행능력 이외의 성능 면에서 안전성이 논의된다. 또한, 범죄와 테러 등에 악용될 가능성이 있으므로 보안과 안전 보장 측면도 의문이다.

그리고 또 하나의 문제는 '인간과 공생할 수 있을까?'하는 문제이다.

영화 〈매트릭스〉같은 세계를 이야기하는 것은 너무 극단적일 수 있으나, 경영 효율화를 위해 도입한 로봇이 인간의 일을 빼앗을 수 있다는 문제의식은 경제적, 윤리적 문제로 항상 제기됐다. 실제로 미국 연방항공청이 무인 소형 비행기를 엄격하게 규제하는 배경에는 유인비행기를 조종하는 파일럿들의 심한 반발 때문이라는 설도 있다.

코마츠자키 소장이 이야기하고 싶었던 것은 최신 과학기술에 그런 부정적인 면만 있는 것이 아니라는 것이다. 반대로 로봇과 최신 과학기술을 상용화하는 것은 회사에 긍정적일 뿐 아니라 필수적인 것이 되어가고 있다.

예를 들어 세콤은 온라인 보안시스템을 일본에서 처음 도입한 기업으로 현재 계약 건수는 200만 건이 넘는다고 한다. 전국 규모로 보면 6,000만~7,000만 개의 센서가 경비대상 건물에 설치되어 있다. 이상이 발생하면 제어센터에 정보가 모이고 최종적으로 인간이 판단해서 대응하는 서비스가 구축되어 있다고 한다.

이때 로봇과 과학기술의 힘을 전혀 활용하지 않는다면 하나의 건물에 다섯 명 이상의 인원을 할애해야 하므로 합계 1,000만 명 이상의 인원이 필요하다는 계산이 나온다. 실제 일본 총인구 열 명중 한 명은 경비 인원으로 일해야 하는 것이 된다.

"역시 가장 중요한 것은 인간입니다. 그 힘을 낭비한다는 것은 기업 입장에서 올바르지 않다는 인식입니다. 최종적 상황판단 등 인간의 능력을 발휘해야 할 상황은 많습니다. 그래서 인간의 힘을 제대로 발휘하기 위해서는 굳이 해야 할 필요가 없는 것을 자동화할 필요가 있습니다. 그러기 위해서는 인간과 과학기술을 연결하는 인터페이스를 만들어갈 필요도 있는 겁니다. 어차피 인간이 중심에 있고, 인간의 힘을 과학기술이 증폭시키는 것입니다. 드론은 그런 인간과 로봇에게 필요한 관계성이 성립할 수 있는 분야가 아닐까요?"

단순히 하늘을 나는 것만으로는
불합격

드론 개발로 경험과 노하우를 쌓은 후 이번에 서비스 제공을 시작한 세콤은 드론의 안전 관리와 법 정비에 대해 어떤 생각을 하고 있을까? 먼저 코마츠자키 소장은 요즘 세간에 화제가 된 추락 위험에 대해서 연구를 시작할 때부터 생각해왔다고 한다.

"우리는 드론 개발을 진행할 때 기본으로 삼은 것이 있습니다. 그 것은 반드시 안전해야 한다는 것입니다. 안전을 제공하는 회사 세콤 이 안전을 위협하는 드론을 개발할 수는 없으니까요."

코마츠자키 소장은 드론에 그밖에도 우려되는 범죄 리스크가 있다고 말했다. 예를 들면 해킹이 그것이다. 현재 드론 기술로 비행중 경로를 재설정하는 것은 어렵지 않다고 한다. 해커가 프로그램을 조작해 악용할 가능성도 있으며 기체가 도난당할 수도 있다. 통신보안 분야에 종사해온 세콤은 드론에 이런 문제들이 발생할 가능성이 있다고 예견했다. 정보의 기밀성 향상과 통신방해를 막는 기술이 필수라고 판단해 암호전문팀의 연구를 드론 개발에 활용했다고 한다.

마찬가지로 프라이버시 문제도 신중하게 대처하고 있다. 드론을 경비에 투입하면 수상한 사람과 현장 영상을 촬영하게 된다. 세콤은 영상의 유출 및 복사를 막아 개인 프라이버시를 보호하기 위한 기술도 검토해 채택했다.

"드론과 로봇은 종합 기술입니다. 추락하지 않고 비행하는 것도 중요한 기술이나 그밖에도 해결해야 할 것이 많습니다. 세콤은 드론 연구개발 이전부터 쌓아온 기술기반이 튼튼합니다. 어떤 문제가 일어날지, 그리고 그런 문제를 어떻게 막으면 좋을지에 대한 노하우도 쌓여있습니다. 그런 이점이 있어 경비용 드론을 상품화할 수 있었다고 자부합니다."

그렇지만 역시 드론 보급이 진척되면 다양한 트러블이 발생할 것이라 예상된다. 소형화와 고성능화가 이루어지면 활용범위가 넓어지는 만큼 예상하지 못했던 리스크가 늘어날 것이 분명하다. 그런 생각에 잠겨있는 나에게 코마츠자키 소장은 장인으로써 자신의 신조를 밝혔다.

"새로운 과학기술은 긍정적인 면과 부정적인 면이라는 양면성이 있습니다. 가령 전화금융사기는 휴대전화와 ATM이라는 우리 생활에서 빼놓을 수 없는 과학기술이 있기에 발생하는 범죄입니다. 실제로 이 문제를 도덕과 법률문제로 단정하는 것은 간단합니다. 하지만 장인은 그것만으로는 부족합니다. 암호기술과 사이버 보안기술 등 범죄가 발생하지 못하게 하는 기술을 갈고 닦아야 합니다. 과학기술을 악용할 수 없게 만들거나, 악용되었을 때 그것을 막는 시스템을 만드는 것은 세콤에서도 중요한 사항입니다."

드론을 사용한 범죄를 막기 위해 기술적으로 항상 우위를 유지하고 끊임없이 연구한다. 범죄에 가장 가까운 장소에서 비즈니스를 해왔던 세콤이기에 드론 범죄와 악용 리스크에 대해서는 한층 민감할지도 모른다.

이어서 코마츠자키 소장은 갈림길에 서 있는 일본 드론 산업에 대한 생각을 털어놓았다. 세계적으로는 드론 비즈니스에 붐이 일기 시작했으나, 일본에서는 어떨까? 드론 산업의 첫 번째 주자인 그의 생각을 들어보았다.

"드론 규제 문제는 일본 단독으로 생각할 수 없는 주제입니다. 드론 산업이 앞으로 미국, 유럽 등을 포함한 세계 규모로 발전해갈 것은 분명합니다. 우리는 법률을 지킵니다. 우리가 걱정해야 할 것은 일본이 갈라파고스화되는 것입니다. 세계적으로 가능한 것이 일본에서는 규제가 너무 심해서 할 수 없게 되면 산업 자체가 건전하게 발전할 수 없습니다. '일본 사회를 더욱 풍요롭게, 더욱 안전하게 할수 없을까?' 이런 시선으로 생각하는 기업이 중심이 되어 기술은 기술대로 객관성을 높여가면서 악용과 범죄를 철저하게 단속해야 합니다."

이미 드론 기술을 실용화한 세콤도 법률과 규제의 행방을 매우 중요하게 여기고 있었다. 마지막으로 코마츠자키 소장에게 이상적인 법 정비에 대한 의견을 물었다.

"연구를 시작한 5년 전부터 드론 관련 법규와 조항을 모두 조사했습니다. 그러나 아무것도 없었습니다. 솔직히 매우 긴장했습니다. 그도 그럴 것이 규제가 없다는 것은 세상이 그 존재를 생각하고 있지 않은 것이므로 첫걸음이 매우 중요합니다. 앞으로 드론에 대한 법 정비가 이루어질 것으로 예상합니다만, 거기에서 기준이 되어야 할 것은 '사회에서 바라보는 정의'라고 생각합니다. 물론 범죄 억제와 리스크 헤지도 정의라고 할 수 있으나 기술혁신이 발생하기 쉬운 환경을 만드는 것도 정의 중 하나입니다. 그것을 양립할 수 있는 유연한 법 정비가 중요하지 않을까요?"

'드론 이후'에 대한 가능성

경비용 드론 실용화에 성공한 세콤은 '드론 이후'도 이미 생각하고 있었다. 그중 하나가 경비용 무인 비행선 개발이다. 예상되는 기체 크기는 15m 정도이다. 드론과 마찬가지로 자율비행을 한다고 한다. 그리고 9개의 고감도 센서와 카메라를 탑재해 드론보다 넓은 범위의 지역을 감시할 수 있다고 한다.

당연히 무인 비행선과 드론의 연계도 시야에 넣고 있다. 예를 들어 비행선은 지면에 가까이 가지 못하지만, 더욱 넓은 영역을 내려다보고 경계하다가 이상이 발생하면 드론에 지시를 내려서 대처에 나서는 것 등이다. 코마츠자키 소장은 무인비행 분야가 국제적인 스포츠경기 같은 대규모 이벤트에서도 효과를 발휘할 것이라 생각했다. 범죄 억제 이외에도 혼잡으로 인한 트러블과 갑작스러운 위험한 상황에 대한 대처 등 하늘에서 바라보면 해결할 수 있는 것이 많다는 것이다.

"최종적으로 아동과 노인을 지키는 등 마을 안에서 소형 비행 감시드론을 활용한다는 미래를 그리고 있습니다. 그렇게 되면 드론이 건물 용지 안뿐만 아니라 시가지 등 상공을 비행하는 것을 생각해야 합니다. 결국, 가장 중요한 것은 지역사회의 모든 사람이 드론은 자신들의 생활을 지켜주는 로봇이라고 이해하는 것입니다. 앞으로 드론은 없어지지 않을 것이고 더욱 발전해갈 것입니다. 우리는 모든 사람이 감시 드론을 이해해줄 때 바로 실용화할 수 있는 기술적 준비를 하고 싶습니다."

로봇과 인간은 공생할 수 있을까? 그리고 그것은 어떤 형태가 이상적일까? 드론 산업 발전에 빼놓을 수 없는 것은 기술과 비즈니스 모델보다 먼저 세상이 그런 철학적 질문의 답을 찾는 것일지도 모른다.

여담이지만 세콤은 내수형 기업으로 일본 국내 매출이 전체 95%가 넘는다. 그러나 해외 보안 분야에서도 약 72만 4,000여 건의 계약 건수를 자랑하고 있으며, 주로 경제성장이 눈부신 아시아 국가들로 노하우와 기술을 수출한다. 앞으로 글로벌 사업 전개를 기대할 수 있는 기업이기도 하다. 세콤의 드론이 전 세계 하늘을 지킨다. 그런 미래를 상상하는 것은 지나치게 성급한 것일까?

미국 연방항공청이 세계 최초로 허가한
야마하 무인 소형 비행기

드론과 무인 소형 비행기 역사를 이야기할 때 빼놓을 수 없는 기업이 있다. 이륜차 제조업체로 유명한 야마하발동기주식회사가 바로 그 주인공이다. 야마하발동기주식회사는 1983년부터 상업용으로 농약 살포용 무인비행기 연구에 착수했다. 30년 가까이 개발을 계속해온 기업으로, 이 분야의 세계 시장에서 최고의 실적과 기술을 자랑한다.

2015년 5월 1일 야마하발동기주식회사의 기술이 세계를 놀라게 했다. 미국의 연방항공청은 야마하발동기주식회사가 개발한 농약 살포용 소형 무인비행기 RMAX에 '섹션 333^{section 333}'을 적용했다. 섹션 333의 정식 표제는 '무인항공기 운용 예외조치SPECIAL RULES FOR CERTAIN UNMANNED AIRCRAFT SYSTEMS'. 즉 무인기 운용에서 미 항공법의 예외조치를 정한 것이다. 또한, 미국 안에서 무인기의 상업적 이용에 관한 안정성과 성능, 합법성을 보증하는 가이드라인이라는 성격이 있다. 알기 쉽게 말하면 미국에서 무인기를 상업용으로 이용해도 좋다는 정식 허가를 받은 것이다. 미국이 무인비행기의 상업적 이용에 매우 엄격하다는 것은 앞에서 이야기했다. 2015년 5

월 28일 현재 섹션 333은 455건의 신청에 적용됐으나, 농약 살포용 무인비행기에 적용된 것은 이번이 처음이라고 한다. 이것은 야마하발동기주식회사가 만든 기체가 미국의 엄격한 심사를 통과하고, 세계 드론 업체 중에 가장 먼저 농업 분야에 소형 무인비행기 실용화를 위한 길을 열었다는 것을 의미한다.

▲ 야마하발동기주식회사의 무인비행기 RMAX 〈사진출처: 위키피디아〉

이번 미국 연방항공청의 결정에 미국 드론 관계자도 크게 기대하고 있다.

야마하발동기주식회사의 인허가를 지원했던 국제무인기협회AUVSI 대표 브라이언 웨인은 미국 미디어에 "이번 미국 연방항공청의 적용은 무인기가 미국 산업에 가져다줄 이익을 알 수 있는 중요한 첫걸음이 될 것이다."라는 말을 남겼다. 또한, ABC뉴스의 웹사이트

《ABC 300》은 "드론이 농업을 바꾼다."라는 테마로 야마하의 무인기를 소개했다. "앞으로 미국 연방항공청이 다른 농업용 드론도 인가해줄 것이라 기대된다."라고 했다.

미국에서 처음으로 허가를 받은 야마하의 농약 살포용 소형 무인비행기. 그 개발의 뒷면에는 어떤 스토리가 있을까? 그 역사와 난관, 외국으로 보급 사정과 전망 등을 포함해서 개발 담당자에게 직접 묻기로 했다.

일본 정부의 프로젝트로 시작된
무인기 개발

취재 장소는 시즈오카 현 이와타 시에 있는 야마하 커뮤니케이션 플라자. 야마하의 이륜차, 타사와 공동 개발한 고급 자동차 등을 전시한 전시실이었다. 물론 야마하가 개발한 농약 살포용 소형 무인비행기도 전시되어 있었다.

덧붙여서 야마하는 자사에서 개발한 기체를 드론이라 부르지 않고, 산업용 무인 헬리콥터라는 이름으로 통일해서 부르고 있다.

"최근 드론 관련 취재가 늘어서 매우 고맙습니다만… 아무래도 드론이라는 말은 군사용 표적기라는 이미지가 강해서요."

야마하발동기주식회사 UMS 사업추진부 개발부장과 일본산업용 무인항공기협회 이사를 겸임하고 있는 사카모토 오사무는 취재에 앞서 정의의 차이를 설명했다. 사카모토 부장은 소형 무인기 개발에 오랫동안 몸담은 전문가이다.

"우리 회사 제품과 드론의 차이를 설명하자면 우리가 개발한 것은 싱글로터식이라는 것입니다. 싱글로터 헬리콥터를 개발하기 위해서는 비행 원리와 기체 전체에 대한 이해가 필요합니다. 가령 항공역학이나 기계역학 같은 것 말입니다. 이에 비해 드론과 멀티콥터는 모터와 프로펠러, 제어 소프트만 있으면 비행에 관한 지식이 적어도 날릴 수 있습니다."

야마하가 개발한 싱글로터 무인기는 일반적인 드론보다 사이즈가 크다. 페이저라는 기체는 길이가 3.6m로 적재중량은 30kg, 연속 비행시간은 1시간으로 동력은 휘발유 엔진이다.

"드론처럼 배터리를 사용하면 아무래도 이 정도 성능을 내기는 어렵습니다."

그리고 드론의 가장 큰 특징 중 하나가 자율비행이라면 야마하의 싱글로터 헬리콥터도 자율비행이 가능한 단계라고 한다.

제품의 차이에 대한 설명을 한동안 들은 후 즉시 본 내용으로 들어갔다. 야마하는 왜 무인비행 분야에 진출했을까? 사카모토 부장은 다음과 같이 답했다.

"원래 농약 살포용 무인기 개발은 1980년에 농림수산성이 제안한 정부 프로젝트였습니다. 당시에는 유인 헬리콥터로 농약 살포를 했으나 마침 경작지를 줄이는 정책이 시행되고, 시가지 확대가 진행되던 시기였습니다. 언젠가는 유인 헬리콥터를 사용하지 못하게 될 것이라는 생각에 소형 무인기 개발에 대한 논의가 시작됐습니다."

당시 일본은 저출산과 고령화, 젊은이들의 농업 이탈로 농촌 과소화가 문제로 떠오르고 있었다. 정부 입장에서는 농사와 쌀 생산에 지장이 생기는 것을 피하고 싶었다. 그래서 외부 단체인 농림수산항공협회에 연구 조성금을 주고 유인항공기 보완대책으로 농약 살포용 무인항공기 개발에 나서게 됐다.

처음 개발이 시작된 곳은 코베기공이었다. 동축반전식 헬리콥터 사양이 책정되어 연구개발을 시작했다. 하지만 눈에 띄는 성과를 얻지 못했다. 그 후 야마하가 정부에서 위탁을 받아 개발에 착수하게 된 것이라고 한다. 야마하는 1987년 세계에서 최초로 산업용 무인 헬리콥터 'R50' 개발에 성공하고, 다음 해인 1988년부터 본격적으로 판매하기 시작했다.

"전시된 페이저를 보셨겠죠? 디자인이 오토바이 같지 않나요? 야마하에서 만든 무인기가 이런 디자인인 이유는 새롭게 농업에 종사할 젊은이가 농사일에 자부심을 갖게 하고 싶었습니다. 최신 기술이 담긴 무인비행기를 날리며 농사를 짓는다면, 그리고 그 무인비행기가 꽤 멋있다면 농업에 대한 이미지도 바뀔 것이라 생각했습니다."

사카모토 부장의 이야기를 들으면서 매우 흥미 깊었던 점이 두 가지 있었다.
하나는 당시 국제사회에서 일본 정부처럼 농업에 무인기를 도입하려고 했던 예를 찾을 수 없었다는 것, 그리고 또 하나는 일본 국내에 산업용 무인기의 수요가 없었다는 것이다.

"판매 초기에는 전혀 수요가 없었습니다. (웃음) 여기에는 몇 가지 이유가 있습니다. 원래 농업 분야는 리스크 헤지에 민감합니다. 그럴 수밖에 없는 것이 실패하면 먹을거리가 없어지기 때문입니다. 그리고 농약 살포는 방제 효과가 있어야 합니다. 잔류농약이 소비자에게 직접 영향을 주기 때문입니다. 무인기로 먹을거리를 지킬 수 있을까? 업계는 매우 회의적이었습니다. 현재 드론의 안전성이 의심받고 있으나 농약 살포용 무인기 분야에서는 35년 전부터 이미 그런 논의가 시작됐습니다."

가령 농약 살포용 무인기를 실용화한다면 적어도 지상기에서 살포하는 것과 같은 방제 효과를 얻어야 한다. 그리고 잔류농약 문제도 있으므로 농약과 작물, 기체의 조합에 부적합한 것이 없는지 철저히 조사한다.

이런 사정은 어느 나라나 비슷하지만 일본은 특히 엄격하다고 한다. 하나의 농약에 최소한 2년 정도 걸쳐서 테스트한다고 한다.

"미국의 와이너리(포도주 양조장)는 농약을 연간 10회 정도 살포합니다. 살포 때마다 농약 종류가 다르고, 와이너리에 따라서도 달라집니다. 일본만큼 엄격하지 않으나 각각 효과가 있는지 실험 공장에서 테스트한 후 실용화합니다. 물론 새로운 농약이 개발되면 그때마다 테스트를 합니다. 그래서 개량이 필요하면 농약을 개량하거나, 기체를 개량하면서 조합의 범위를 차근차근 좁히는 겁니다. 미국과 호주는 주마다 인허가제도가 다릅니다. 한마디로 무인기 인허가라고 하지만 정신이 아득해질 정도의 작업이 필요합니다. 또한, 농약 문제 말고도 해결해야 할 것이 많이 있습니다."

현재 야마하의 농약 살포용 무인기는 일본에 약 2,700대가 도입되어 있으며 전체 논밭(수전)의 36%에 살포하고 있다. 또한, 한국이 200대, 오스트레일리아가 십여 대 도입하고 있다고 한다. 연간 판매 대수는 300대 정도이나 이번에 미국에서 인허가를 받았으므로 시장은 더 확대될 것이라 기대하고 있다.

사카모토 부장은 30년 이상 걸쳐서 이런 상황을 조성해온 것이라 이야기했다.

"처음에는 채산성을 생각할 수 있는 차원이 아니었습니다. 그런 단계부터 시작해 농림수산성과 농림수산항공협회 그리고 우리 회사, 이렇게 세 단체가 하나부터 열까지 무인 소형 헬리콥터로 안전하고 효율적인 사업을 할 수 있는 틀을 만들어왔습니다. 물론 전국농업협동조합중앙회JA의 협력도 빼놓을 수 없습니다. 거듭된 노력의 결과로 현재에 이르게 된 것입니다."

이것도 그다지 알려지지 않은 사실이나 해외에서 농약 살포에 무인기를 사용하는 나라는 야마하가 진출한 지역뿐이라고 한다. 야마하는 경쟁 상대도 없는 고독한 연구개발의 길을 한 걸음씩 걸어온 것이다.

"사실 우리 회사는 무엇이든 너무 빨리 시작해서 실패한 사례가 많습니다. (웃음) 무인기를 시대가 받아주기 시작했으니 행운이라 할 수 있을지도 모르겠습니다."

그렇게 생각하면 미국에서 야마하의 농약 살포용 무인기가 처음으로 인허가를 받은 것도 어떤 의미에서는 필연이라는 생각이 든다. 사회적 문제해결을 위한 대처와 착실한 연구, 그리고 상업화를 위해 끊임없이 노력하는 자세, 그리고 기술혁신과 드론 붐이라는 타이밍이 미국 연방항공청의 허가를 받을 수 있게 한 것이다.

미국 연방항공청의 허가는 상업용 무인비행기 분야에서 일본이 선구자라는 것과 미지의 영역을 개척하기 위해 야마하가 큰 비용과 열정을 쏟아왔다는 것을 증명하는 것이기도 하다.

야마하발동기주식회사에서 듣는
드론 실용화 필수 과제

야마하발동기주식회사의 경험은 일본 드론 산업 약진에 큰 이정표가 되지 않을까? 그래서 사카모토 부장에게 드론 보급에 필요한 과제를 질문해보기로 했다. 사카모토 부장이 먼저 지적한 것은 비행능력 이외의 기술력에 대해서였다.

"농약 살포용에 한해서 말하면 기체의 비행성능 말고도 농약 살포를 위한 애플리케이션과 기체의 개발이 진행되어야 합니다. 중요도를 비율로 따지면 6대 4 정도라고 할까요? 그만큼 농약 살포는 어렵습니다."

앞에서 이야기했듯이 농약 살포용 무인기는 방제 효과와 잔류농약 문제해결이 요구된다. 들쑥날쑥하게 뿌려도 안되며 지나치게 많이 뿌려도 문제가 생긴다. 또한, 단순히 뿌리기만 해서 끝이 아니라 제대로 불어내는 작업이 필요하다.

야마하의 무인기는 농작물 3~5m 위를 비행하면서 메인로터에서 뿜어내는 바람으로 불어내기 작업을 한다고 하는데, 이 부분을 기술적으로 실현하기 위해 많은 노력이 필요했다고 한다.

"이것은 농가에 매우 큰 문제입니다. 쌀농사는 지역의 쌀을 모아서 농협의 라이스센터(탈곡한 쌀을 말리고 찧는 일본 쌀 농가의 공동 이용시설-옮긴이)에 납품하고, 잔류농약 검사를 하는 과정을 거칩니다. 혹시 거기에서 문제가 발생하면 몇십 톤이나 되는 쌀을 폐기해야 합니다. 그렇게 되면 도대체 누구의 책임일까요? 그것을 막기 위해 현장 목소리에 귀를 기울이면서 기술력을 높여야 합니다."

사카모토 부장의 이런 지적은 세콤의 코마츠자키 소장이 한 지적과 비슷하다. 같은 드론이라고 해도 실용화하면 각각의 용도에 따라 일어날 수 있는 문제를 예측하면서 기술을 개발해야 한다. 앞으로는 드론 기술에서 '비행성+α'가 요구된다. 동시에 비행 안전, 식품 안전, 프라이버시 안전 등 다양한 안전성을 고려해야 할 것이다.

이어서 사카모토 부장은 두 번째 과제를 제시했다. 그것은 무인기를 사용해서 비즈니스 전체를 움직이는 구조를 생각해야 한다는 것이다.

"기술혁신이 일어나고 그것을 취미 영역에서 활용하는 것은 아무런 문제가 없습니다. 다만 산업과 비즈니스로 성립하게 하려면 모든 것을 패키지로 생각할 필요가 있습니다."

사카모토 부장이 패키지라고 표현한 것은 사회적 인프라스트럭처(infrastructure, 인프라)라고 바꿔말할 수 있다. 드론에 대해 말하자면 성능 인증과 등록, 점검과 정비 시스템, 교습 제도, 보험 문제 등을 세트로 생각해야 한다는 지적이다.

"그리고 해당 분야를 직업으로 삼는 인재를 키우는 것도 빼놓을 수 없습니다. 농약 살포를 예로 들면 무인기를 사용한 방제를 전문으로 하는 사람이 일할 수 있는 직업을 만들어야 합니다. 그밖에도 정비하는 사람, 교습하는 사람도 필요합니다. 부업으로 하게 할 수는 없습니다. 기술을 잘 습득한 인적자원이 없으면 산업으로 성장하기 어려우며 리스크 헤지에 대한 우려가 남습니다. 이것은 비즈니스 모델의 과제이기도 합니다. 우리도 이것으로 인해 고생하고 있습니다."

야마하가 미국 연방항공청의 허가를 받을 때 결정적 한 수가 된 것은 바로 이 패키지였다고 한다.

"일본에서 하나씩 자세히 조사했던 점검, 정비 매뉴얼과 정비사를 지도하는 요령 등을 영어로 번역한 후 미국 연방항공청에 제출했습니다. 무인기를 전혀 접한 적 없던 사람이 교습서를 보고 단시간에 살포가 가능할 수 있도록 기능과 지식을 전달할 방법을 모색해야 했습니다. 그것이 어려운 점입니다. 즉 기체만이 아니라 그것을 사용할 인재를 어떻게 교육, 지도할 것인지까지 제시한 후에야 정식으로 인허가를 받았습니다. 어떤 의미로 유인기의 간이 버전이라고 할 수 있습니다. 시스템 전체를 제시하지 않았다면 아무래도 허가를 받기는 어려웠을 겁니다."

드론 산업 전체에 대한 설계도를 그리고, 세부사항을 하나씩 하나씩 채워간다. 당치도 않을 정도로 오랜 시간이 걸리고 복잡한 작업이라고 생각할 수 있으나 드론 산업화를 위해서는 피해갈 수 없는 길이다. 그리고 얼마나 빨리 그것을 이루느냐에 일본 드론 산업이 글로벌 경제에서 차지하는 위치가 달려있을지도 모른다.

마지막으로 세콤의 코마츠자키 소장과 마찬가지로 사카모토 부장에게 앞으로의 법 정비 문제에 대한 의견을 물었다.

"지금 마침 규제에 대한 이야기가 나오고 있습니다. 드론을 실용화하고 싶은 쪽은 무엇이든 가능하다고 말하고, 리스크를 우려하는 쪽은 무조건 안 된다는 논조입니다. 헛바퀴를 도는 느낌입니다. 개인적으로 사회가 허용할 수 있는 범위를 제시한 것이 규칙이라고 생각합니다. 자동차의 제한속도를 생각해보십시오. 정말로 사람에게 위험이 없는 속도는 겨우 5~10km/h 정도입니다. 하지만 그래서는 물류에 지장을 초래하고 사회가 성립할 수 없습니다. 그러므로 사회가 허용 가능한 선을 긋는 것이 규제입니다. 실제로 드론에는 상당히 엄격한 규칙이 적용될 것이라고 개인적으로 상상합니다. 하지만 아무것도 없는 것보다는 좋을 겁니다. 거기부터 바꿔나가면 됩니다. 황무지밖에 없다면 거기서부터 실적을 만들어서 서서히 판을 바꿉니다. 그런 작업을 꾸준히 계속해야 산업으로 발전할 수 있습니다. 한발짝건너뛰어서 어딘가 이벤트 회장에서 날리고 싶다고 하면 사회와 기술도 뒤좇아가기 힘듭니다. 먼저 가능한 것부터 시작해야 합니다. 야마하도 관계부처와 일본산업용무인항공기협회 등 관련 단체와 연계하면서 한 발짝씩 걸어가려 합니다."

기술발전은 문제의식을 낳고 문제의식은 규제를 낳는다. 그리고 한층 더 기술이 발전하면 규제를 바꾸고 사람의 생활을 풍요롭게 한다. 드론은 지금 딱 그 입구에 서있다.

"가능한 것부터 시작한다."

무인비행 분야에서 30년 이상 기술과 노하우를 쌓아온 야마하발동기주식회사와 사카모토 부장의 말은 무게감이 있으며 옳았다. 천릿길도 한 걸음부터이다. 지금이나 옛날이나 세상을 바꾸는 방법에 지름길은 없는 것 같다.

드론 특구 구상,
지방 부흥의 꿈

드론에 꿈을 싣고 있는 곳은 민간 기업뿐만이 아니다. 일본 정부도 역시 드론 개발에 많은 관심과 노력을 기울이고 있다. 일본 정부의 드론에 대한 움직임을 설명하려면 먼저 일본과 로봇 산업의 현재 상황부터 살펴보아야 한다.

일본재건전략의 하나로 설치된 로봇혁명실현회의는 2015년 1월 23일에 열린 마지막 회의에서 아베 수상에게 로봇 신전략을 정리한 보고서를 제출했다.

이 로봇 신전략에는 일본을 세계 로봇 이노베이션의 거점, 세계 제일의 로봇 이용과 활용 사회로 만들어서 IoT^{Internet of Things} 시대를 선도한다는 전략을 바탕으로 최종적으로는 로봇혁명을 달성한다는 목표가 담겨있다.

경제적으로는 로봇 산업의 발전을 촉진하고, 5년 후인 2020년까지 시장 규모를 현재의 4배인 2조 4,000억 엔으로 확대하려는 목표가 제시됐다. 사실 일본 정부가 로봇만을 위한 장기 전략을 세운 것은 이번이 처음이다. 아베 신조 수상도 "올해는 로봇혁명의 원년이다."라고 로봇 산업의 중요성을 강조하고 있어 결연한 의지가 느껴

진다.

로봇 신전략이 발표된 배경에는 일본을 둘러싼 복잡한 국내외 환경이 있다. 일본은 아직 산업용 로봇의 연간 출하액, 국내 가동 대수 모두 세계 최고인 로봇대국이다. 다만 유럽과 미국은 디지털화, 네트워크화를 활용한 새로운 생산시스템 도입에 적극적이며, 중국 등 신흥국도 로봇 투자를 가속하고 있다. 일본은 언제 로봇대국이라는 지위를 위협받을지 알 수 없으므로 나라 전체가 산업을 뒷받침하기로 한 것이다.

동시에 일본은 저출산, 고령화, 노후 인프라 정비라는 사회적 문제가 있다. 로봇을 활용해서 그 문제를 해결하려는 것이 '로봇 신전략'의 뼈대이다.

이는 일본 정부가 앞으로 로봇 개발에 본격적으로 나서겠다는 결의를 나타내는 것이기도 하다.

그 전체적 그림인 실행 안으로는 로봇혁명 이니셔티브 Robot Revolution Initiative 창설, 차세대를 위한 기술개발, 표준화 및 실증구역 정비, 로봇 관련 규제개혁 실행 등을 들 수 있다.

말하면 지혜를 결집해서 기술개발을 독려하고 국내외를 불문하고 실용화를 위한 준비 및 실험을 할 수 있는 환경을 갖추고 법률도 동시에 정비한다는 것이다. 이런 실행안 중 하나인 '로봇 관련 규제개혁 실행' 중에는 '무인비행로봇을 위한 규칙제정(항공법 등)'이라는 항목이 명기되어 있다. 이것은 드론과 같은 무인비행기의 실용화를 상정하고 있다는 것을 상상하기 어렵지 않다.

다른 로봇 기술과 마찬가지로 드론 기술에 관해서도 일본 정부가 적극적으로 뒷받침하려는 의도가 엿보인다.

일본 정부는 이런 특별 조치와 발맞춰 구체적인 움직임을 보였다.

내각의 지방부흥추진실은 2015년 1~2월에 근미래기술실증특구 프로젝트를 통해 원격의료, 원격교육, 자동비행, 자동주행 등 분야에 의욕이 있는 지자체와 민간부문에서 기획과 제안을 공모했다. 관계자들은 자동비행에 관련된 특구 지정이 드론을 위해 규제가 완화된 드론 특구의 시발점이 될 것이라 기대하고 있다. 프로젝트의 중심에 있는 사람은 타이라 마사아키 내각부 차관과 고이즈미 신지로 내각 정무관이다.

내각부 지방부흥추진실 후지와라 유타카 차장은 근미래기술실증특구 설치의 경위를 다음과 같이 설명했다.

"정부는 2013년부터 규제 완화의 돌파구로 국가전략특구에 대한 논의를 진행해왔습니다. 이미 여섯 지역이 지정되었습니다. 2014년 말에 지방 특구라는 형태로 국가전략특구의 2차 지정을 위한 움직임이 시작됐습니다. 그것이 '마음을 설레게 하는 새로운 기술'을 중심으로 한 근미래기술실증특구 프로젝트입니다."

1개월이라는 짧은 모집 기간에도 불구하고 특구 지정을 받으려는 지자체와 사업자 등 143곳에서 70건의 제안이 쇄도했다. 그중 드론에 관한 제안은 약 30건 이상이었다고 한다.

"민간 기업과 지자체의 드론에 대한 의욕이 매우 높다는 것을 통감했습니다. 단 1개월의 응모 기간에 이만큼 주도면밀하게 준비된 제안이 모이리라고는 솔직히 예상하지 못했습니다."

제안된 프로젝트 중에는 드론 특구를 실현하기 위해 국유임야와 재해를 입은 땅을 활용해 10km 사방의 토지를 실증지역으로 확보하는 제안 등이 있다. 실제로는 전파법과 항공법 말고도 자잘한 규제가 있으나 특구라는 틀을 활용해 서서히 규제를 없애고, 드론 산업 발전의 초석으로 삼자는 방침에 대해 정부, 지자체, 민간 기업사이의 의견이 일치했다. 후지와라 부장은 미국의 예를 들어 드론 특구를 하루빨리 지정해야 한다고 밝혔다.

"미국도 작년에 드론 특구 여섯 곳을 지정했습니다. 솔직히 자동차 자동주행 등 분야는 미국에 비해 상당히 뒤처져 있으나 무인비행과 드론 분야는 아직 쫓아갈 수 있습니다. 정부도 지금 특구를 지정해서 산업 경쟁력을 키우면 경쟁에서 이길 가능성이 크다고 판단하고 있습니다."

한편 응모한 지자체는 실제로 어떤 기대를 하고 있을까? 이번 근미래기술실증특구 프로젝트에 기획안을 응모한 지바 현 나리타 시의 기획정책과 담당자는 다음과 같이 이야기했다.

"나리타 시는 원래 국가전략특구의 대상 구역으로 지정된 지역이라, 이미 국제공항도시 구상을 전면에 내세우고 있습니다. 그래서 나리타 국제공항의 일부를 드론 실증실험을 위해 제공해서 활용해보자는 생각에 응모했습니다. 아무래도 첨단기술의 실증구역이 있다는 것은 지역 활성화로 이어집니다. 나리타 시는 일본 제일의 국제공항이 자리 잡은 일본 항공 산업 중심지 중 하나이므로 자동비행 기술의 실험지로 최적지입니다. 일본을 방문하는 외국인도 하늘을 나는 드론을 공항 부근에서 보고 설레는 마음으로 나리타를 더 깊게 알았으면 좋겠습니다."

나리타 시처럼 드론에 긍정적인 이미지를 가진 지역이 늘면 드론 산업 전체의 발전에도 큰 영향을 끼칠 것이다.

그 후 2015년 3월 31일에 아키타 현 센보쿠 시가 무인비행 분야 실증특구인 드론 특구로 지정되었다. 고이즈미 신지로 정무관이 근미래기술실증특구의 검토회의에서 드론 특구를 선정했다.

아키타 현 센보쿠 시는 예전부터 화산 감시 및 조난 구조, 동물 행동범위 조사, 농업 활용, 산림육성 조사, 드론이 관광에 미치는 파급효과 등을 담은 제안을 담당 부처에 제출해왔다. 이번 결정으로 센보쿠 시는 실질적으로 어떤 움직임을 보일까? 아키타 현 센보쿠 시의 기획정책과 담당자는 이렇게 대답했다.

"이미 몇몇 민간 기업에서 드론을 활용한 계획을 제안했습니다. 아직 구체적으로 정해진 것은 없으나, 제출한 것과 같은 용도로 드론을 활용할 수 있으리라 기대하고 있습니다. 무엇보다 드론 특구가 되면서 주목을 받게 된 것은 매우 기쁜 일입니다. 앞으로 시합이나 국

제회의 등을 개최하면 아키타 현 전체의 관광객 유치로 이어질 것이
라 생각합니다."

지금까지 보아온 것처럼 드론 산업은 민관을 불문하고 일본에서
많은 주목을 받고 있다. 이것은 단순한 붐이 아니다. 기업 입장에서
는 꾸준히 계속해온 첨단기술 개발에 대한 성과를 보일 수 있으며,
일본 정부 입장에서는 로봇 산업 활성화의 기수가 될 것이라 보기
때문이다.

일본 드론 산업은 이대로 순조롭게 발전할 수 있을까? 그것을 점
치기 위해서 도저히 피해갈 수 없는 문제가 있다. 드론 관련법 정비
문제이다.

앞길을 가로막는
법률의 벽

2015년에 들어서자 드론을 둘러싼 법 정비에 사회적 관심이 높아졌다. 드론이 판매를 시작한 초기부터 관련 단체와 미디어를 중심으로 법 정비 필요성을 이야기하는 목소리는 적지 않았다. 다만 여론은 2015년 4월에 발생한 수상관저 무인기 추락사건 직후부터 단숨에 불이 붙은 느낌이다. 그리고 그 양상은 드론 산업을 발전시키려는 관계자의 희망과는 약간 거리가 있다.

이 사건의 범인으로 체포된 후쿠이 현 오바마 시에 사는 무직인 야마모토 야스오 피고. 그는 위력업무방해죄로 체포됐다. 도쿄 도 미나토 구 주차장에서 방사성 물질이 포함된 모래가 든 용기와 발화통을 실은 드론을 조종해서 수상관저 옥상에 추락시켰다. 그 후 직원이 기체를 발견하면서 야스오 피고는 기소되었다.

또한, 나가노 젠코지에서 15세 소년이 드론을 추락시킨 사건도 드론 관련 법 정비 논의에 박차를 가했다. 이 소년은 젠코지 사건 이후에도 도쿄 국회의사당과 아사쿠사의 산자마츠리에서 드론을 날릴 계획을 세웠다. 경찰에게 여러 번 주의를 받았으나 듣지 않아, 결국 이쪽도 위력업무방해죄로 체포되었다.

여기서 두 사람의 인간성에 관한 자세한 언급은 피하겠다. 그러나 두 개의 사건이 드론 범죄와 테러, 그리고 생활에 위협을 초래할지 모른다는 불안을 일본 사회에 폭넓게 퍼트린 것은 틀림없다. 사건의 영향으로 인해 실제로 각 지자체는 드론 비행금지구역을 설정하거나 새삼스레 홍보하기 시작했다.

먼저 도쿄 도는 이미 도립공원, 정원 전체에 무선조종기 비행을 금지하고 있었으나, 수상관저 사건의 영향으로 해당 금지조항을 다시 홍보하고 있다. 또한, 야마나시 현은 고토 히로시 지사가 현의 공원조례에 저촉된다며 드론 비행을 '원칙적으로 금지'한다는 취지를 알리고 있다. 《요미우리신문》 2015년 5월 24일자 보도에서 '행정구역 47곳과 정령시 20곳(정령지정도시. 일본 지방행정단위로 한국의 광역시나 특별시와 비슷하다-옮긴이) 중 약 반수인 32곳의 행정구역, 정령시가 사람이 운집하는 공원과 관광지, 청사 등에서 드론 사용금지를 검토 중이라고 했다.

또한, 5월 13일 자민당은 수상관저와 황거, 국회, 최고재판소 부근에서 비행을 금지하는 법안을 제출했다. 위반자는 1년 이하의 징역이나 50만 엔 이하의 벌금을 부과한다는 내용이었다. 이 법안에는 정당 사무실과 각국 대사관 등도 필요에 따라 대상으로 지정할 수 있다고 명기되어 있다. 동시에 정부는 드론을 구매할 때 등록을 의무화하는 방안도 검토 중이라고 한다.

드론에 특화된 법규는 아직 만들어지지 않았으나 앞으로 서서히 검토, 성립될 전망이다. 여기서 현재 상황에서 법에 저촉하는 행위가 될 수 있는 것을 몇 가지 소개한다.

먼저 드론은 현행 항공법으로는 모형 항공기에 해당한다. 그러므로 지표 또는 수면 위 상공 250m 이상, 항공로 안의 지표 또는 수면 위 상공 150m 이상 고도에서 비행이 금지된다. 2014년 7월에 나고야 사카에 TV탑 주변에서 촬영하던 멀티콥터가 번화가로 추락하는 사건이 있었다. 나중에 조종하던 나고야 시에 사는 30대 남성이 불구속 입건됐다. 여기서 법적 근거가 된 것은 멀티콥터 추락이 아니라 항공법 위반이었다.

드론 사용은 전파법에도 저촉될 우려가 있다. 현재 드론이 사용할 수 있는 무선 주파수대는 정식으로 정해지지 않아 불확실한 상태라고 할 수 있다.

2015년 5월 21일에는 공중촬영회사 플라이트 에디트의 임원인 남성이 불구속 입건됐다. 2014년 11월 3일에 카나가와 현 오이소 쵸에서 열린 쇼난 국제 마라톤에서 총무성의 면허를 받지 않은 채 5.8GHz대의 전파를 사용한 용의를 받고 있다. 이 회사의 드론은 대회 당일에 추락해 40대 여성이 크게 다쳤다.

전파법을 담당하는 총무성 이동통신과 담당자는 다음과 같이 지적했다.

"전파기준적합증명이 발행되지 않은 기체는 통신혼선이 일어나서 동작 불량이 생길 가능성도 있습니다. 또한, 무선 LAN 등이 밀집한 지역과 이동환경에서는 통신혼선이 일어나 예기치 못한 사고가 발생하지 않는다고 장담할 수 없습니다."

휴머노이드 로봇의 안전성 문제 그리고 네트워크 로봇과 방범 카메라, 감시카메라와 사생활 보호 등에 전문가인 하나미즈키 법률사무소의 코바야시 마사히로 변호사는 상업용을 염두에 뒀을 때 그밖에도 "법률적 문제가 있다."라고 했다.

"공공도로 위를 비행하면 도로교통법 위반의 가능성이 있습니다. 경찰은 빌딩 청소업자의 곤돌라가 도로를 일부 침범했을 때도 도로교통법상의 허가가 필요하므로 드론만 예외일 것이라 생각하기 어렵습니다. 게다가 민법상 토지의 소유권 문제가 있으므로 타인의 토지 위로 날리는 것은 원칙적으로 곤란할 겁니다."

코바야시 변호사는 그리고 "공중촬영은 초상권 침해도 우려되므로 해결해야 할 문제가 많습니다."라고 덧붙여 말했다.

현재 일본 사회에서 일어나는 드론 규제론과 법 정비를 둘러싼 논의를 보면 이야기가 매우 복잡하다는 인상을 준다. 그래서 요점을 정리하고 싶다.

먼저 앞으로 법 정비 문제는 드론에 특화된 법률로 만듦과 동시에 현행 관련법을 철저히 조사해 조절할 필요가 있다. 앞에서 이야기했듯이 무엇이 위법인지 명확하지 않은 상황에서는 법률을 준수하고 취미를 즐기고 싶은 사람도 안심하고 사용할 수 없다. 조금 비약해서 생각하면 법 정비 문제는 드론 문화보급 자체에 큰 그림자를 드리우게 된다.

또 하나 중요한 점으로는 개인적 이용과 상업적 이용 또는 공적 이용 등 카테고리를 나눠서 개별적으로 법률을 만들 필요가 있다는 것이다.

이번 취재 관계자 중 한 명은 세상을 떠들썩하게 만든 드론 추락 사건을 듣고 이렇게 한탄했다.

"몇십 년이나 기술개발을 해온 전문가는 안전관리에도 민감합니다. 법률도 조사하고, 사람에게 피해를 입힐만한 환경에서 드론을 날리지 않습니다. 개인적으로는 무모한 짓을 하는 개인과 열심히 서비스 개발을 하는 단체, 기업은 분리해서 생각해야 한다는 의견입니다."

실제로 해외에서는 법 운용의 카테고리를 드론의 개인적 이용과 상업적 이용으로 확실하게 나눌 때가 많다. 안전성 확보와 산업진흥을 양립시키는 유연한 대응이 요구된다. 이것은 현장의 기술개발과 일본 드론 산업의 앞날을 좌우할 큰 요소 중 하나일 것이다.

일본의 안팎을 불문하고 이번에 취재한 드론 관계자들이 입을 모아 말한 것은 "일본에서도 하루빨리 규제가 필요하다"는 것이었다. 이것은 드론 비행을 엄격하게 제한한다는 의미가 아니라, 드론을 사용해도 좋은 상황과 환경을 명확하게 정하자는 의미이다. 바꿔 말하면 룰을 설정하자는 것이다. 적어도 드론 관계자들은 룰만 정해지면 거기서 비즈니스 모델을 구축하고 산업화를 향한 첫걸음을 뗄 수 있다고 생각하는 것 같다. 물론 안전성을 높이는 기술개발을 진행해서 규제를 조금씩 완화시킬 수 있다는 자신감도 있을 것이다.

눈앞을 가로막은 법률이라는 벽을 어떻게 뛰어넘을 수 있을까?

그것은 일본 드론 산업에서 큰 과제 중 하나가 될 것 같다.

그러나 드론 법 정비와 관련해서 중요한 것이 하나 더 있다. 그것은 앞으로 드론이 어떻게 악용될 수 있을지 시뮬레이션하는 것이다. 기술혁신이 발전과 동시에 부정적 요소를 낳는다는 것은 피할 수 없는 사실이다. 그렇다면 유비무환의 정신이 매우 중요하지 않을까? 과연 악용이 우려되는 범죄에는 어떤 것이 있을까? 다음 장에서는 약간 상상력을 펼쳐서 드론과 범죄에 대해서 생각해보고 싶다.

CHAPTER
04

드론의 범죄 이용
가능성

드론, 주일 미국대사관을 습격하다

도쿄 토라노몬에 있는 주일 미국대사관. 대사관 상공에 한 대의 물체가 나타난 것은 출근 차량으로 주변 도로가 혼잡한 오전 8시 정도였다.

최근 드론 범죄가 잦아서 대사관 경비를 담당하는 미국 해병대는 철저한 경계태세를 갖추고 있었다. 일본 정부에게도 비밀로 한 채 설치한 소형 대공레이더는 상공을 감시하는 여러 대의 다기능 카메라와 연동해서 손바닥 사이즈의 드론과 새를 빠르게 구분할 수 있는 성능을 자랑한다. 물론 해병대원들도 육안을 통한 경계를 소홀히 하지 않았다.

레이더는 날아온 물체가 시판 중인 중국제 소형 드론이라고 인식했다. 해병대원이 방해전파와 안티머티리얼 라이플로 쏘아서 떨어트릴 준비를 했다. 겨우 2분 동안에 일어난 움직임이었다.

하지만 드론은 대사관 용지 밖의 상공에서 내부를 엿보듯이 호버링할 뿐이었다. 쏘아서 떨어트리면 통행인이나 이웃의 건물, 민간인 차량 등에 피해가 갈 수도 있는 상황이었다.

애초에 평화로운 시가지를 향해서 발포하는 것 자체가 일본에서는 있을 수 없는 일이었다. 해병대 지휘관은 외부를 경계하는 부하에게 이미 구경꾼이 모이기 시작했다는 보고도 받았다.

"일본 경찰의 대응에 맡길 수밖에 없다."

지휘관은 매뉴얼대로 경시청이 대사관 밖에서 드론을 처리하기를 기다리기로 했다.

하지만 몇 분 후 경시청에서 인원이 도착하기도 전에 상황은 급변했다. 열 대의 새로운 드론이 각각 다른 방향에서 날아왔다. 어떤 것은 첫 번째 드론과 마찬가지로 호버링하고, 어떤 것은 대사관 주변 상공을 선회하기 시작했다.

구경꾼들이 웅성거리고 근처 호텔에서는 숙박객의 피난도 검토하기 시작하는 중에 지휘관은 어떤 확신이 들었다.

"저것은 시판하는 장난감이 아니다. 어떤 목적을 수행하기 위해 개조한 것이다."

시판 제품의 데이터상으로 해당 드론은 무선 LAN으로 지령을 수신하며 움직일 수 있는 통신범위가 300m 정도였다. 데이터 그대로의 성능이라면 저렇게 움직일 수 없었다.

그리고 드론을 조작하는 사람이 누군지 모르지만, 목적이 공격적이라는 것은 명확했다. 하지만 부하에게 격추 명령을 내리려고 한 순간 지휘관의 눈에는 더욱 믿을 수 없는 광경이 보였다. 동시에 통신기 이어폰에서 부하의 경악을 감추지 못한 목소리가 들렸다.

"새로운 드론 열 대가 남서쪽 상공에서 편대를 이루고 접근 중입
니다!"

이상은 정부 관계의 안전보장 담당자와 해당 방면 전문가인 저널
리스트들에게 "드론을 사용해서 악인에게 어떤 일을 당하면 곤란한
가?"라는 질문을 통해 구성한 가까운 미래의 시뮬레이션이다.

답변 내용에서 미국대사관 습격 이외에도 다양한 스토리를 들을
수 있었다. 그중에서 공통된 내용은 "지금 입수할 수 있는 드론의
성능으로는 획기적인 범죄를 일으키기 어려울 것이다."라는 의견이
었다.

이런 의견을 참고해서 드론이 개조됐다는 설정으로 시뮬레이션
했으나, 이것도 전혀 비현실적인 이야기가 아니다.

"예전에 옴진리교도 드론을 사용한 계획을 생각했습니다."라고
지적한 것은 군사 저널리스트 쿠로이 분타로였다.

"사실 옴진리교도 지하철 사린가스 사건 전에 고성능 무선조종 헬
리콥터로 사린과 보툴리누스균을 공중에서 분사할 계획을 했습니다.
당시는 성능이 좋지 못해 계획이 무산됐으나 현재는 상당히 많은 사
람을 죽일 수 있는 양의 화학무기를 탑재할 수 있고, 공중에서 분사
하는 것도 어렵지 않습니다. 드론 기술은 매일같이 발전하므로 대형
폭탄을 탑재할 수 있는 날도 멀지 않았을지 모릅니다."

자세한 것은 나중에 이야기하겠으나 현재 시판 중인 드론은 확장성을 의식해서인지 새로운 기능을 추가하기 쉽도록 제작되었다.

여하튼 드론이 앞으로 어떤 범죄의, 어떤 장면에 사용될 수 있느냐는 문제는 드론이 가진 본질적인 성격, 즉 인간이 직접 움직이는 것이 불가능한 어떤 행동이 가능하겠냐는 점과 깊은 관련이 있다.

이번 장에서는 지금까지 발생한 드론 범죄 사례를 분석하면서 드론 보급과 함께 어떤 리스크가 생겨날지 생각해보기로 한다.

프랑스 축구 대표팀
드론 도찰 사건

민폐행위 같은 비교적 가벼운 것을 포함해서 지금까지 발생한 드론 범죄를 살펴보면 내용은 몇 가지 유형으로 나뉜다. 가장 많은 것은 아무래도 비행이 가능한 특성을 악용한 침입, 밀수, 도촬 등이다. 그리고 이런 것들이 조합되거나 배경과 목적이 중첩되면서, 사회에서 보는 시선과 행위가 가진 의미가 다양하게 변하게 된다.

가령 2014년에 개최된 브라질 축구 월드컵에서 프랑스 대표팀이 온두라스와 첫 경기를 대비해서 비공개 연습을 하는 모습이 드론에 도촬을 당했다고 의심받는 사건이 있었다.

하늘에서 드론을 발견한 프랑스 대표팀은 연습을 일시 중지했다. 디디에 데샹 감독은 기자회견에서 "도촬을 당해 온두라스 대표팀에 프랑스의 전술이 새어나간 것이 아닐까?"라고 우려를 나타냈다.

이 사건이 누구의 짓인지 결국 알아내지 못했다. 드론이 정말로 프랑스 대표팀 연습을 촬영했는지조차도 불명이다.

그래도 이때 드론의 움직임은 프랑스 대표팀에게 확실히 영향을 끼치고 있었다. 일시적이라고 해도 연습을 중단한 것도 그렇고, 감독이 전술정보의 누설을 우려할 수밖에 없는 상황을 만든 것도 그렇다.

　애초에 데샹 감독의 우려가 어느 정도였는지도 알 수 없다. 사실 크게 신경을 쓰지 않았다면 영향은 가벼웠을 것이다. 하지만 감독의 우려가 심각해서 원래 구상하던 것과 다른 전술을 쓸 수밖에 없었다면 드론이 프랑스 대표팀에 준 충격은 상당히 컸다고 할 수 있다.

　중요한 것은 이 충격이 도촬을 당한 것으로 인해 생긴 것이 아니라, 하늘에 드론이 존재한다는 것을 알아차린 것만으로 생겼다는 점이다.

　한마디로 "드론에 도촬을 당했다."라고 하면 범인의 목적은 타인의 프라이버시와 기업비밀 등에 관련된 영상과 사진 입수라 생각하기 쉽다. 개인적 성벽부터 타인의 집안과 목욕탕을 훔쳐보려는 자였다면 분명히 그랬을 것이다.

　하지만 도촬이라는 말로 묶을 수 있는 행위라 해도 전혀 다른 결과가 나올 수도 있다. 프랑스 대표팀의 사건은 그럴 가능성을 암시하고 있다.

　즉 드론은 특정 상대에게 너를 보고 있다, 너의 비밀을 알고 있다고 암시해 상대의 행동에 영향을 주는 시위성 활동을 할 수 있다는 것이다.

　혹은 그렇지 않아도 관계가 험악한 두 국가의 축구 대표팀 시합 직전에 정체를 알 수 없는 드론이 한쪽 비공개 연습을 훔쳐봤다는 것이 발각되면 어떤 반응이 일어날까? 그리고 사실 드론을 조종했던 사람이 양쪽 국가와 아무런 상관없는 악의를 가진 제삼자였다면….

상상력을 조금 확장하는 것만으로 드론을 악용해서 얼마나 성가신 일을 벌일 수 있는지, 그리고 범위가 얼마나 넓은지 알 수 있다.

도촬보다 피해가 크다?
드론이 가진 익명성

프랑스 대표팀 도촬 사건이 일어난 것은 드론이 어느 정도 익명성을 가지고 있기 때문이다. 드론 자체의 움직임을 상대에게 들켰다 해도 누가 조종하는지 간단히 노출되지 않는다. 드론은 인터넷게시판의 악성 댓글과 비슷한 특성이 있다.

시판하는 저렴한 드론도 조작 단말기와 드론 본체의 통신 가능거리는 300m 정도나 된다. 건물 등 차폐물이 있는 시가지에서 범인과 드론의 거리가 100m만 떨어져 있어도 제삼자가 범인과 드론의 관계성을 의식하기 쉽지 않다.

전국지 사회부 기자의 말에 따르면 "드론을 사용한 도촬로 입건하려면 추락한 드론을 회수해 판매경로를 파악하거나, 드론을 조작하고 있을 때 현행범으로 체포해야 하는 것이 현실이다."라고 한다. 이것은 일본뿐만 아니라 해외에서도 마찬가지일 것이다.

게다가 드론을 회수했다고 해도 도난품이거나 범인이 자체 제작한 것이라면 조사는 더욱 어려워진다.

이런 특성을 악용해서 벌이는 범죄가 드론을 사용한 불법 약물 밀수이다.

비행 고도가 낮고 사이즈가 작은 드론은 레이더로 탐지할 수 없다. 미국의 마약단속국은 2012년 이후 미국과 멕시코 국경 부근에서 약 150대의 드론이 마약 밀수에 사용됐다고 추정한다.

구체적으로 예를 들면 2015년 2월 미국 캘리포니아 주와 국경이 맞닿은 멕시코의 티후아나 시에서 의존성이 심한 약물을 실은 시판 드론이 추락해 있는 것이 발견된 적이 있다. 실려있던 약물은 메스암페타민(필로폰-옮긴이)으로 통칭 크리스털 메스crystal meth. 일본에서는 각성제 단속법으로 금지하는 약물이다.

이때 실려있던 메스암페타민의 양은 3kg으로 드론은 그 무게를 이기지 못하고 추락한 것으로 보였다. 메스암페타민 3kg의 최종가격은 200만 달러이고, 운송수단인 드론의 가격은 1,400달러였다. 탑재중량이 더 크고, 더 고가의 드론을 사용했다고 해도 밀수 비용으로는 파격적으로 저렴하다.

마약 카르텔도 큰 기대를 하는 드론 기술

티후아나 국경 부근에서는 오랫동안 경찰과 마약 카르텔이 격렬한 총격전을 벌여왔다. 그러던 중 티후아나에서 국경 아래를 파서 캘리포니아 주 샌디에이고로 뻗은 약 500m 길이의 마약 밀수용 터널이 발견됐다.

미국과 멕시코 당국이 2013년 10월 31일에 발표한 내용에 따르면 터널의 깊이는 평균 지하 10m, 내부 높이 약 1.2m, 폭이 약 1m로 지그재그로 뚫려있으며 출입구에는 유압식 철제문이 설치되어 있었다고 한다. 마약을 운반하기 위한 전동광차와 공조설비도 갖추고 있어서 양국 당국에서는 이것을 슈퍼터널이라고 부른다.

미국과 멕시코 국경지대에서 슈퍼터널이 발견된 것은 2010년 이후로 이번이 세 번째라고 하니 마약 카르텔이 밀수에 얼마나 비용을 들이는지 알 수 있었다.

마약 밀수를 둘러싼 이야기로 에콰도르와 콜롬비아 마약조직이 자체적으로 제작한 잠수함을 사용한 일도 널리 알려졌다. 더욱 우월한 스펙이라 여겨지는 콜롬비아 잠수함은 길이 30m에, 소재는 글라스파이버이며 디젤엔진 2개를 장착해 8t의 마약을 싣고 콜롬비아 정글에서 멕시코 연안까지 8~9일 동안 항로를 한 번도 해면 위로 부상하지 않고 항행할 수 있었다고 한다. 잠수함의 제작비는 약 200만 달러로 추정된다. 밀수에 한 번만 성공했다고 해도 마약 1kg을 나르는 데 필요한 비용은 250달러에 지나지 않는다는 계산이 나온다. 물론 잠수함 제작비 이외에도 연료비와 승무원의 식료품비 등이 필요하지만 여러 번의 밀수에 성공한다면 '비용'은 점점 낮아진다.

이렇게 보면 비행시간(즉 항속거리)이 짧은 시판 드론을 사용하는 것보다 순수한 밀수 비용 면에서 잠수함을 사용한 밀수가 아직은 유리한 것 같다. 그래도 드론을 사용하면 조직 멤버가 적발될 위험이 현저하게 낮아진다. 잠수함과 터널이 발견되면 적발은 물론 당국과 총격전으로 사망하거나, 체포된 멤버의 증언으로 조직이 뿌리째 뽑혀버릴 가능성이 있으므로 역시 드론은 마약조직에 유용하다.

비용도 자신만의 용도에 맞춘 드론을 만들 수 있으면 줄일 수 있다. 실제로 멕시코 마약 카르텔이 비행기 조립공장 직원을 고용해 100kg의 마약을 나를 수 있는 대형 드론을 자체 제작했다는 이야기도 전해진다.

게다가 애당초 멀리 떨어진 곳으로 운송하는 서비스에서 주력이 될 것이라 기대되는 드론이다. 앞으로 적재중량이 큰 드론이 등장할 것이므로 자금력이 막강한 카르텔이라면 그런 선진기술의 도입은 그다지 어려운 일이 아닐지 모른다.

교도소의 운송수단이 된 드론

한편 마약밀수와 함께 경계하는 것이 교도소 안으로 불법적인 물건을 반입하는 것이다. 이미 미국 조지아 주 주립 교도소에서 드론이 담장을 넘어서 물건을 운반한 사건이 발생했다. 당국은 숲 속에 숨어 쌍안경으로 드론을 확인하며 리모컨으로 조종해 담배 등을 교도소 안으로 운반하려던 남녀를 체포했다.

미국에서는 교도소 안에 스마트폰의 반입이 늘어나면서 마피아 간부인 재소자가 외부 수하에게 범죄를 지시하거나, 재소자끼리 교도소 안에서 연락을 주고받으며 일제히 봉기해서 교도소를 무질서 상태로 만든 사례가 있었다. 드론의 악용이 그런 경향에 박차를 가한다면 매우 성가신 일이 될 것이다.

한편 일본은 어떨까?

수상관저 옥상에서 소형 드론이 발견된 사건으로 법무성은 2015년 4월 24일 교도소와 소년원 등 전국 교정시설에 대해 시설 안과 옥상에 수상한 물체가 떨어지지 않았는지, 시설 밖에 수상한 조종자가 없는지 등의 경비를 강화하도록 요구한 문서를 보냈다.

법무성은 드론의 악용으로 도주용 로프와 불법 약물, 담배 등이 시설 안에 반입되는 사태를 상정하고 있으며, 또한 드론 카메라로 재소자가 도촬을 당하는 것도 우려하고 있다.

　법무성은 과거에는 출소한 재소자가 교도소 안에서 알게된 다른 재소자에게 담장 밖에서 휴대전화를 던져서 넣은 사례도 있었다고 했다. 다만 아직은 드론을 사용한 부정행위가 일어나지 않았다.

　이런 움직임에 대해서 교도소 사정에 밝은 저널리스트는 다음과 같이 이야기했다.

　"법무성의 주의 환기는 여론을 의식한 '만약을 위한' 조치일 것입니다. 드론을 사용해서 교도소 안에 무언가 반입되는 사건이 일어나면 심상치 않은 사태가 될 것이 틀림없습니다. 하지만 그로 인해 탈옥과 폭동 등이 빈발하고 사회불안으로 이어지는 일은 없을 겁니다. 일본 교도소는 탈옥이 어려운 것으로 유명해서 도주가 일어날 위험은 이송 중일 때가 훨씬 높습니다. 2013년 히로시마교도소에서 중국인 재소자가 탈옥한 적이 있었습니다. 하지만 그때는 교도소 외벽에 보수공사용 발판이 놓여 있었고, 교도소 측 실수로 방범 버저가 꺼져 있는 등 우연과 실수가 겹쳐서 성공한 것입니다. 드론이 악용된다고 해도 교도소 안의 관리를 개선하면 충분히 대응할 수 있습니다."

백악관에 추락한
드론

교도소 안에 불법 반입을 포함해 드론을 악용한 밀수범죄는 비행할 때 소리가 작고, 눈에 잘 띄지 않는 은밀성에 기대는 부분이 크다. 동시에 조종자가 누구인지 찾기 힘든 익명성이 범인의 행동을 대담하게 한다.

한편 드론을 사용한 침입 사건은 어떨까?

이것이야말로 드론의 다양한 특성을 발휘할 여지가 있는 복합형 범죄라고 할 수 있다.

먼저 은밀성이 두드러진 사례를 보도록 하자.

2015년 5월 1일 오전 3시 8분 무렵 백악관 경비 중이던 시크릿 서비스 요원이 약 60cm 크기의 쿼드콥터가 백악관 안을 저공비행하는 것을 발견했다. 보고를 받은 경비본부는 즉시 경계태세를 발령. 건물을 완전히 봉쇄하고 동시에 주변 탐색에 나섰다.

얼마 후 쿼드콥터가 백악관 남쪽에 추락한 것을 발견했다. 중국제 시판 드론으로 위험을 초래할만할 가능성은 없었던 것으로 밝혀졌다.

그리고 약 6시간 후 "드론을 날린 것은 자신이다"라며 한 남성이 시크릿서비스에 자수했다. 그는 시크릿서비스의 에이전트였으며 술에 취한 상태로 친구가 소유한 쿼드콥터를 백악관 근처 맨션에서 조종하던 중 컨트롤을 잃고 추락시키고 말았다는 것이다.

소동이 벌어졌던 당시 오바마 대통령과 부인 미셸 여사는 인도로 외유 중이었다. 두 명의 딸도 할머니 집에 외출해서 부재중이었기에 사태는 신속하게 수습됐다. 사건을 일으킨 에이전트의 이름과 직위, 어떤 처벌을 받았는지는 밝혀지지 않았다.

이런 상당히 냉정한 대응에 대해서 큰일로 발전하지 않았기 때문에 괜찮다, 한솥밥을 먹는 사람에 대한 배려이다 등으로 생각할 수 있으나 의심스러워하는 시선도 존재한다. 군사 저널리스트 쿠로이 분타로는 다음과 같이 우려를 표명했다.

"백악관은 사건이 계속해서 세간의 주목을 받는 것이 싫었던 것이 아닐까요? 그런 생각을 하는 이유로 첫 번째는 백악관 경비가 빈약한 것이 밝혀졌다는 것을 들 수 있습니다. 큰 소란을 피우면 테러리스트에게 '이렇게 공격해주세요'라고 어필하는 것입니다. 그리고 두 번째로 미국 정부 수뇌부는 드론에 대한 발언에 신중할 수밖에 없는 상황입니다. 드론은 새로운 산업진흥의 유망주입니다만, 동시에 테러리스트 암살 작전의 주역입니다. 이로 인해 윤리성이 상당히 의심받고 있습니다. 이런 비판에 대해서 미국 정부 수뇌부는 '드론은 대테러 작전에서 유일하게 효과적인 수단'이라 설명하고 있습니다. 그러니 이번에 백악관이 드론으로 안전을 위협받은 것은 바람직하지 않은 사태임이 틀림없습니다."

드론의 범죄 이용 가능성

덧붙여서 백악관 상공에는 방공레이더망이 깔렸으나 그것은 항공기와 미사일 등 어느 정도 크기가 있는 것에만 유효하고, 소형이며 초저공비행을 하는 드론에 대해서는 전혀 도움이 되지 않는다고 한다.

그것을 명확하게 밝힌 이번 사건에서 은밀성이 두드러짐과 동시에 백악관이 테러 공격의 위협을 느끼게 하는 시위성까지 예기치 않게 발휘됐다고 할 수 있다.

드론의 테러 위험성

"드론을 사용하면 주목을 받을 것으로 생각했다. 데모 이상 테러 미만의 방법을 골랐다."

수상관저 옥상에서 방사성 물질을 넣은 용기와 발화통을 실은 드론이 발견된 사건으로 체포된 남자의 진술이다. 앞에서 나왔던 군사 저널리스트는 이 말에 대해서 다음과 같이 평가했다.

"범인이 깊은 생각 끝에 도달한 결론인지, 혹은 우연히 그렇게 된 것뿐인지는 제쳐놓고 시판용 드론으로 무엇을 할 수 있으며 무엇을 할 수 없는지를 잘 표현한 말이라고 생각합니다. 이번 사건을 '장난감을 상대로 지나친 소동이다'라고 하는 의견도 있습니다. 분명히 그런 면도 있으나 앞으로 어떤 드론 범죄가 발생할 수 있는지 생각할 때 이번 사건은 충분히 참고하는 것이 좋을 것입니다."

이 설명을 잘 이해하기 위해서 사건 개요를 되짚어보자.

범인은 2015년 4월 9일 오전 3시 40분경 도쿄 도 미나토 구의 주차장에서 방사성 물질이 포함된 모래가 든 용기와 발화통을 실은 드론을 원격조종해서 수상관저 용지 상공에 침입시킨 후 건물 옥상의 헬기포트에 추락시켰다.

하지만 얼마 동안 아무도 그 사실을 알아차리지 못했고, 4월 22일 관저 직원이 신입 직원 연수를 위해 시설을 안내하던 중 드론을 발견했다.

드론이 발견돼서 소동이 벌어지자 남성은 4월 24일 경찰에 출두했다. 그 시점까지 범인 이름이 경찰의 수사 선상에 오르지도 않았다.

범인은 범행동기를 "원전 반대를 주장하기 위해서 날렸다"라고 진술했다. 드론을 사용한 이유는 "화제성이 있고 임팩트가 있다. 피자 배달에 사용되는 영상을 보고 착안했다"라는 설명을 했다.

범인은 자신의 블로그에 '론 울프(한 마리 늑대)'라 자칭하고 있었으며 기존의 반원전 그룹에 들거나 데모에 참여하지 않고 단독으로 행동하고 있었다고 수사당국은 보고 있다.

이렇게 보면 아무도 알아차리지 못하게 침입시켜서(은밀성), 소동을 일으키고(시위성), 게다가 자신의 신원은 쉽게 들키지 않는다는(익명성) 상황에 악용되기 쉬운 드론의 세 가지 특성이 훌륭하게 복합된 것을 알 수 있다.

그리고 또 한 가지 주목할 점은 범인의 행동과 발언 중 무언가를 파괴하거나 누군가를 다치게 할 목적의식이 전혀 보이지 않았다는 것이다. 그것이 '데모 이상 테러 미만'이라는 범인의 표현방법에서 가장 정확하게 나타나 있다.

시판 중인 드론은 범죄에 사용할만한 위력이 없다

범인은 파괴를 목적으로 하지 않았기에 시판 중인 소형 드론을 선택했다고 단정할 수 있다.

애당초 시판 중인 드론을 사용해서 엄청난 파괴행동을 하는 것은 도저히 무리이다.

이것은 드론이 전혀 위험하지 않다는 의미가 아니다. 드론이 비행 중 여객기 엔진에 빨려들어가거나, 인파 속에 추락하면 상당히 위험하며 비슷한 실제 사례도 있다.

다만 많은 사람을 다치게 하려는 악인이 범죄수단으로 시판 중인 드론을 선택할까? 반드시 그렇다고 할 수 없다.

왜 그렇게 말할 수 있을까?

그것은 시판 중인 드론으로 무언가를 파괴하기에는 '역부족'이기 때문이라는 말로 답할 수 있다.

먼저 비행시간(항속거리)이 짧다. 가령 여객기와 충돌을 노릴 때 활주로를 둘러싼 펜스 밖에서 드론을 날려서 타깃이 가까이 올 때까지 대기해야 한다. 여객기의 이착륙 스케줄을 알고 있어도 시간과 사용하는 활주로는 자주 바뀐다. 십여 분에서 20분 정도밖에 비행할 수 없는 드론으로는 계획대로 여객기를 노리는 것은 몹시 어렵다.

스피드도 부족하다. 그럭저럭 빠른 것도 있으나 일반 세스나와 제트 헬리콥터조차도 따라갈 수 없다. 개조해서 상당한 스피드가 나온다 해도 상공을 비행하는 타깃을 쫓아가는 사이 배터리가 방전되고 말 것이다.

그리고 무엇보다 적재중량이 너무 적다는 문제가 있다. 기존의 드론으로도 수류탄 정도는 운반할 수 있으나 원하는 장소에서 확실히 폭파시키는 것은 너무나 어려운 일이다. 정치적 테러를 위해 무언가를 파괴하려면 드론을 사용하지 않아도 접근할 수 있는 타깃을 노리는 것이 합리적이다.

이와 같은 논리로 다음 의문에 대해서도 답할 수 있다.

"비행기를 노리지 않아도 자동차나 보행자에게 드론이 충돌하는 것만으로도 위험하지 않을까?"

그런 명백한 악의를 가진 인간이라면 드론을 선택하지 않아도 렌터카 혹은 자동차를 써서 범행에 나설 것이다. 현재 상태에서 시판 중인 드론이 가진 파괴성은 자동차나 칼과 비슷하거나 혹은 아래라고 할 수 있다.

이것은 가령 원자력발전소가 타깃이 됐을 때도 마찬가지다.

2014년 10월 초순부터 11월 말에 걸쳐 프랑스에서 정체를 알 수 없는 드론이 원전 상공을 비행하는 것이 확인되면서 사람들이 불안에 떨었다. 그것도 원전 총 19곳 중 13곳에서 발생했으며, 야간에 벌어진 일이므로 주도면밀하게 준비해서 벌인 짓이라는 관측도 있었다.

이 사태를 두고 "드론 보급을 예상하지 못한 원전의 안전대책이 무력화되고 있다"라는 우려의 목소리가 일부 저널리스트 사이에서 나왔다.

드론의 접근을 허용하면 원전 내부 사진과 동영상이 찍혀서 테러를 계획할 때 사용되며, 나아가 원전시설에 침입한 테러부대를 드론이 상공에서 지원해서 전원과 통신망에 폭탄을 떨어뜨릴 수도 있다는 것이다.

하지만 이에 대해서 "스토리에 상당한 비약이 있다"라는 지적도 있다. 앞에서 이야기한 군사 저널리스트 쿠로이 분타로의 의견이 그렇다.

"먼저 원전에 테러리스트가 침입한다는 것이 현실적이지 않습니다. 프랑스의 원전은 군에서 경비하고 있으며 대공미사일을 포함한 중무장을 하고 지키고 있습니다. 일본의 원전은 경비가 느슨하다고 자주 지적을 받습니다만, 애당초 원전을 공격할 실력과 동기를 가진 무장세력이 일본에 출현할 가능성이 별로 없습니다. 드론을 사용한 '폭격' 가능성은 제로라고 할 수 없으나 가령 100kg의 폭탄을 떨어 트려서 시설에 치명적 손상을 줄 수 없을 겁니다."

물론 그런 사건이 일어나면 사회가 시끄러워질 것은 틀림없다.

그렇다는 것은 역시 드론은 파괴성보다 시위성에 주목해 악용될 가능성이 크다는 것이다.

일본 정부의
드론 범죄에 대한 대응

이런 드론 범죄와 불의의 사고를 방지하기 위해 행정기관은 어떤
대응을 취하고 있을까?

▲ 나카지마공원 드론 촬영 금지 안내 표지판
〈사진출처: Flickr, lyoupapa〉

"조종자의 기량 확보와 안전기준, 비행금지구역을 설정할 것인지
등 지금은 아무런 규칙도 없다."

드론의 범죄 이용 가능성

오타 오키히로 국토교통상은 2015년 5월 26일 기자회견에서 이렇게 이야기했다.

분명히 지금까지 드론에 대해서는 거의 아무런 규제도 없었다. 기존 항공법으로는 250m 미만의 저공을 나는 것이라면 원칙적으로 드론이라도 허가를 받지 않고 자유롭게 날릴 수 있다.

하지만 수상관저를 무대로 한 드론 사고가 밝혀지고, 얼마 후 나가노 시의 젠코지에서 행사 도중 드론이 경내로 추락하는 사고가 일어난 후부터 흐름이 바뀌었다.

도쿄 도를 시작으로 지자체가 현행조례를 바탕으로 모든 국립공원 등에서 드론을 날리는 것을 금지했다. 5월 중순에는 자민당이 국회의사당과 수상관저, 최고재판소, 황거 등 국가 주요시설 용지와 주변 약 300m 이내 상공을 드론 비행금지구역으로 하는 법안을 만들었다.

오타 국토교통상도 앞의 회견에서 "국토교통성은 항공법을 개정할 예정이다. 안전한 운행 확보를 위해 신속하게 규칙제정 검토를 진행하고 싶다"라고 밝혔다.

이것과는 별도로 총무성은 4월 28일부터 "소형 무인기 드론으로 촬영한 영상 등을 인터넷에 올릴 때 주의사항"이라는 제목의 문서를 웹 브라우저에 게시하고 있다.

내용은 드론을 사용해서 촬영한 사진과 영상을 인터넷에 공개할 때 거기에 찍힌 사람의 사생활과 초상권, 개인정보 보호를 배려해 달라고 부탁하는 것이다. 그러는 한편 다음과 같은 리스크도 게시하고 있으므로 강한 경고의 색채를 띠고 있다.

주의사항 1: 드론을 사용해서 사진, 영상 촬영을 한 후 피촬영자의 동의 없이 인터넷에 공개했을 때 아래와 같은 리스크가 있습니다.

- 민법상 촬영자는 피촬영자에게 불법행위를 한 것이므로 손해배상청구의 대상이 됩니다.
- 목욕탕, 탈의실과 화장실 등 사람이 일반적으로 의복을 입지 않는 장소를 촬영했을 때는 형사상 경범죄법의 대상이 될 우려가 있습니다.
- 개인정보취급사업자로서 무단촬영행위를 했을 때 부정한 수단을 쓴 개인 정보수집에 해당하며 개인정보보호법 위반행위가 될 우려가 있습니다.

주의사항 2: 명패, 주거지 외관, 세탁물과 기타 생활상을 추측할 수 있는 사물도 사생활로 법적 보호 대상이 될 수 있습니다.

요즘 같은 세상에서는 당연하다고 할 수 있는 내용이다. 하지만 드론 애호가가 늘어나면 이런 문제를 배려하지 않고 '무심코' 사진, 영상을 공개해서 법적인 트러블로 발전하는 사례가 늘어날 수도 있다.

개인만이 아니라 시가지 등을 부감촬영하는 업자에게도 무엇을 어디까지 배려해야 할지 고민스러운 문제라고 할 수 있다.

게다가 보도의 자유와 균형을 잡아야 하는 문제도 있다.

일본민간방송연맹(민방연)은 나라의 중요시설과 그 주변에서 소형 무인기 드론의 비행을 금지하는 법안에 대해서 "취재, 보도활동을 배려한 규정이 없다"라며 법안 성립을 주도한 자민당에 강한 우려를 나타냈다.

민방연은 법안 내용에 대해서 "비상시에 국민에 대한 정보공개를 방해할 우려가 있다."라고 지적했다. 그리고 각 민간 방송사에서 드론 운영 규칙의 책정을 서두르고 있으므로, 민방연도 안전운항을 위한 업계 전체의 규칙제정 등 필요한 대응을 할 것이라는 설명도 덧붙였다.

미국의
드론 범죄 규제

한편 미국은 어떨까?

연방항공청이 검토 중인 상업용 드론 규제안에서는 비행할 수 있는 것은 ① 고도 약 150m 미만 ② 낮에 한정 ③ 조종자의 시야 범위 안 ④ 관계자의 머리 위에서만 ⑤ 비행기에서 멀리 떨어진 장소로 되어 있다. 그리고 백악관 사건으로 소동이 벌어졌던 수도 워싱턴 DC 중심부는 비행제한구역으로 지정되어 드론을 띄울 수 없다.

두말할 필요 없이 이런 규칙은 법을 존중하는 사람들에게만 유효하며 그것을 빠져나가거나 혹은 정면돌파하려는 상대에게는 아무런 효과가 없다.

참고로 워싱턴에서는 드론뿐만 아니라 유인 소형항공기로 인한 사건도 일어났다.

2015년 4월 15일 오후 연방의회 의사당 옆 녹지에 헬리콥터와 비슷한 모양의 소형항공기 '오토자이로'가 돌연 착륙했다. 그 안에서 한 명의 남성이 나타났다. 이 남성은 남부 플로리다 주의 우체국 직원으로 "연방의회 전체 의원 535명에게 정치 부패를 비난하는 편지를 가지고 왔다."라 이야기했다고 전해진다.

이런 움직임을 미국 항공을 담당하는 북미항공우주방위사령부 NORAD는 전혀 탐지하지 못했다. 워싱턴DC 중심부에 설정된 비행제한구역이 법령상의 금지사항에 지나지 않으며 외부로부터 침입에 대한 방벽이 아니라는 것을 세상에 알리고 말았다. 그러니 일본에서 검토 중인 법안도 마찬가지라고 할 수 있다.

그래도 드론을 사용한 위험한 행위를 금지하는 법안이 없는 것보다는 있는 것이 좋다. 어떤 룰이 명시되어있으면 실제로 범죄를 저지르지 않은 드론 소년이 위력업무방해죄로 체포, 구류되는 사태를 피할 수 있었을지도 모르기 때문이다.

드론 소년 체포 여파

일본 경시청은 2015년 5월 21일 도쿄 아사쿠사의 산자마츠리에서 드론비행을 예고하는 내용으로 동영상을 인터넷에 올린 요코하마 시에 사는 자칭 배포업 소년(15세)을 체포했다. 죄목은 앞에서 이야기한대로 위력업무방해죄였다.

소년은 산자마츠리 전날 "내일 아사쿠사에서 무슨 전통축제가 있는 것 같아서 갈 겁니다. 촬영금지라고 쓰여 있지 않으니까요."라고 이야기하는 동영상을 인터넷에 올렸다. 경찰은 이것이 산자마츠리 주최자가 경비를 강화하게 만드는 업무방해행위에 해당한다고 본 것이다.

소년은 같은 달 9일에 나가노 시 젠코지에서 열린 개장법회를 드론으로 촬영하던 중 경내로 추락시킨 것 외에도 14일과 15일 국회의사당 주변에서 드론을 날리려다 코지마치경찰서에서 연일 엄중한 경고를 받았다.

하지만 소년은 산자마츠리에는 가지도 않았으며 "(아사쿠사에서) 드론을 날린다"라는 말도 하지 않았다. 젠코지의 건도 의도적으로 추락시킨 것은 아니라는 점에서 일부 지식인들 사이에서는 "체포, 구류까지 해야 했나?"라는 말도 들린다.

경시청으로서도 체포는 힘든 결단이었던 것 같다. 수사 관계자의 말을 들어보자.

"소년의 반성 기미가 없는 태도가 걱정스러웠고, 무엇보다 피해가 발생한 뒤에는 늦습니다. 가령 경찰이 비판을 받는다고 해도 일반인에게 피해가 미치는 것보다는 괜찮지 않을까요?"

이 소년은 자신의 사이트에 '노엘'이라는 이름으로 드론을 날리거나 경찰에 불심검문을 당하는 모습 등을 생중계하고 있었다.

폭주하기 쉬운 성격인 것은 분명하나 "(드론을 날리면 안 된다고) 어디에 쓰여 있나요?", "임의동행인가요? 강제연행인가요? 누구에게 피해를 줬다는 거죠?"라고 말하며 경찰관에게 반항하는 것을 보면 성격은 삐뚤어졌어도 일단은 이치를 따지려는 모습이 보였다.

그러므로 드론을 언제 날려서는 안 된다는 것이 명시되어 있었다면 이런 형태의 폭주를 단념했을 가능성도 있었다.

처음부터 룰을 가볍게 여기는 사람에게 룰을 지킬 것인지 거스를 것인지에 대한 판단 기준은 자신에게 손해인지 이득인지 밖에 없다. 그런 사람에게는 결국 강력한 반격체제를 갖추거나 엄하게 벌할 수밖에 없을 것이다.

하지만 세상에는 룰이 있다면 지켜야 한다고 생각하는 사람이 더욱 많을 것이다. 그런 사람들을 위해 다수가 이해할 수 있는 규칙을 만드는 것은 드론의 안전운행과 보급을 꾀하기 위해 매우 중요하다.

앞으로 발생할 수 있는
드론 범죄

여기까지 드론이 얽힌 실제 사건을 실마리로 드론 보급에 따른 범죄 리스크를 검증해봤다.

드론의 일반보급은 이미 시작되고 있으며 기술 수준도 비약적으로 높아질 것으로 보인다. 이에 따라 드론을 사용한 범죄 리스크는 얼마나 확대되고, 또한 어떤 형태로 변해갈까? 가까운 미래에 벌어질 법한 사건을 지금 여기서 미리 생각해두면 언젠가 어떤 형태로든 도움이 될 것이다.

지금까지 보아왔던 대로 드론을 악용하는 사람들은 드론이 가진 시위성, 익명성, 은밀성이라는 세 가지 특성을 무기로 삼았다. 하지만 원래 군사용으로 사용해온 드론은 이것들과 달리 3D 영역에서 강점을 무기로 삼아왔다. 3D란 데인저러스Dangerous(위험한), 더티Dirty(더러운), 둘Dull(지루한)의 머리글자로 인간은 도저히 견딜 수 없는 환경을 의미한다.

이것 중 위험한 임무는 드론에 맡겨서 병사의 인명피해를 줄이려는 생각이 20세기 초에 이미 존재했다. 방사선량이 높은 오염지역에서 드론에 작업을 시킨다는 발상도 그 연장선에 있는 것이다.

한편 지루함을 드론으로 해결하려는 시도는 비교적 새로운 발상이다. 그리고 이것이 가능해졌기에 비로소 드론은 군사 분야에서 요긴하게 사용될 수 있었다. 여기서 말하는 지루함의 내용은 말 자체가 가진 의미와는 약간 다르다. 정확히는 엄청난 장시간에 걸쳐 단조로움이 계속되는 환경이라 해야할 것이다.

구체적으로 말하면 무인정찰기를 사용해 몇십 시간 연속으로 경계비행을 하는 것 등이 여기에 해당한다. 무인정찰기가 처음으로 주목을 받은 것은 1990년대 중엽의 보스니아 내전 때였다.

당시 미국 클린턴 정권은 보스니아 수도 사라예보를 포위한 후 UN 부대에도 포격하는 세르비아군의 동향을 파악하려 심혈을 기울이고 있었다. 그러나 무기가 산이 많은 지형에 교묘하게 숨겨져 있었고 상공은 항상 구름으로 덮여있었기에 초고공 비행을 하는 U2 정찰기로는 세르비아군의 움직임을 파악하기 곤란했다.

더구나 세르비아군은 미국의 스파이 위성이 자신들 머리 위를 몇 시 몇 분에 통과하는지 알고 있었다. 위성이 오기 전에 무기를 숨기고 위성이 없을 시간대에 공격했다.

남은 방법은 세르비아군의 움직임을 잡기 위해 정찰기를 장시간 구름 아래에서 선회시키는 것이었다.

하지만 두 가지 문제가 생겼다. 하나는 대공미사일로 격추당할 가능성이 커서 파일럿의 목숨이 위태로울 수 있었다. 또 하나는 빈틈없이 정찰하려면 많은 항공기와 파일럿, 그리고 막대한 지원체계가 필요하다는 것이었다.

이것을 일거에 해결한 것이 미국 CIA가 비밀리에 도입한 '내트

750^{Gnat 750}'이라는 무인정찰기였다. 파일럿의 생명을 위험에 노출하지 않아도 되는 것은 물론이고, 화장실과 식사, 수면을 위해 자주 교대할 필요도 없었기 때문이다.

참고로 내트 750은 나중에 미군이 아프가니스탄에 투입해서 테러리스트 암살까지 하는 'RQ-1 프레데터^{RQ-1 Predator}'의 원형이라 할 수 있는 드론이다.

군사적으로 활용되는
드론 범죄의 가능성

앞에서도 말했던 군사 전문 저널리스트는 다음과 같이 이야기했다.

"드론은 식사도 하지 않고 화장실도 안 가고 자기주장도 하지 않
습니다. 아니 호흡할 필요도 없습니다. 이런 점을 악용하는 테러리스
트가 나타난다면 꽤 성가신 일이 될 수도 있습니다."

그가 말하려는 것은 예를 들면 다음과 같은 사례이다.

해외에 본거지를 둔 국제 테러조직이 재일미군을 노린 동시다발
적 테러를 계획하고 100명의 전투원을 일본에 잠입시킬 필요성이
생겼다고 하자.

섬나라인 일본에 들어오려면 하늘이나 바다의 루트를 사용할 수
밖에 없다. 그러나 공항 출입국관리는 엄중하므로 대다수는 비행기
에 타지도 못한 채 치안당국에 구속되고 말 것이다. 바다라면 어느
정도 가능성이 있다. 출국절차를 밟지 않고 먼 바다에서 보트로 화
물선에 올라탄 후 일본 해안 근처에서 다시 보트로 바꿔 타고 인적
이 드문 지점에 상륙하는 것이다.

물론 이것도 성공할 확률이 높지 않다. 예전에 북한 공작선이나 중국 범죄조직의 밀항선이 출몰했고, 현재는 중국과 마찰을 겪고 있기에 일본의 영해경비는 엄중하다. 몇 개의 그룹으로 나눠서 입국을 꾀할 전투원 상당수는 일본 땅을 밟기도 전에 해상보안청에 체포될 것이다.

하지만 인간 전투원을 잠입시키는 것이 아니라 드론을 가지고 들어오는 것이라면 어떨까? 현재 물류업계가 도입을 검토 중인 드론은 이미 설정된 루트를 따라 조종자의 시계 밖을 비행할 수 있도록 개발되고 있다. 그런 기종에 필요에 따라 개조를 하면 어느 정도 전투원의 역할을 기대할 수 있다. 그리고 무엇보다 드론은 물건이다. 비행기 좌석을 확보할 필요도 없으며 입국관리관과 얼굴을 맞댈 일도 없다. 때에 따라서는 컨테이너에 채워 넣고 무역거래를 위장해서 일본에 수입하는 것도 가능하다. 여의치 않으면 기존에 출시된 제품을 수입해서 일본에서 개조하는 방법도 있다.

군사 저널리스트 쿠로이 분타로는 이렇게 이야기했다.

"드론을 사용한 테러가 세계에서 일어나면 소지를 금지하는 방향으로 나아가지 않을까요? 하지만 부품을 분해하면 쉽게 운반할 수 있으므로 테러리스트에게는 관계없는 일이겠죠."

일본에 들어온 후에도 드론은 관리하기 편하다. 계획을 실행할 때까지 창고에 보관하면 된다.

하지만 인간은 그렇게 할 수 없다.

수십 명에서 100명의 전투원이 밀입국에 성공했다고 하더라도 잠복할 장소를 찾는 것도 곤란할 것이다. 경찰이 눈을 번뜩이는 도시 한복판을 어슬렁거리게 할 수 없고 그렇다고 시골이라면 더욱 눈에 띄게 된다. 창고 같은 곳에 집어넣으면 스트레스로 내부에서 옥신각신하다가 계획 전체에 지장을 줄지도 모른다.

그렇다면 전투원 대신 드론을 사용하면 이런 문제를 해결할 수 있을까?

그것은 전적으로 테러조직이 드론을 작전 실행에 사용할 수 있을 만한 고도의 기술을 손에 넣을 수 있는가에 달렸다. 일본 방위성 관계자는 이렇게 말했다.

"그런 기술 자체의 연구는 이미 각국의 군에서 진행 중입니다. 구체적으로는 드론끼리 정보를 공유하는 '상호운용기술', 드론끼리 동일한 목적을 위해 협조해서 작업하는 '협조운용기술', 드론이 스스로 환경을 인식해서 외부 지시 없이 움직이는 '자율화기술'이 그것입니다."

이들 중 자율화기술은 완성까지 상당한 시간이 걸리겠으나 그 밖의 것은 가까운 미래에 실용화할 수 있을 전망이라고 한다.

이번 장의 앞부분에 나온 근미래 시뮬레이션은 협조운용기술이 실용화됐을 때를 상정해서 짠 것이다.

물론 이런 기술들은 전용으로 개발된 고도의 군사용 드론에 탑재하는 것으로 누구나 간단히 손에 넣을 수 있는 것이 아니다. 하지만 군용 기술도 어차피 일부가 민간에 사용되고, 외부로부터 접근하기 쉬운 위치에 놓이게 된다. 이어서 방위성 관계자는 다음과 같이 말했다.

"미래에 대규모 드론 범죄는 해킹 등 컴퓨터 범죄와 세트로 일어날 가능성이 큽니다. 그것은 고도의 드론 제어프로그램을 훔쳐내는 형태가 될 수도 있고, 민간의 상업용 드론을 빼앗는 형태가 될지도 모릅니다."

일반인이 드론 범죄를
일으킬 가능성

그리고 또 하나 유의할 점이 있다.

앞으로 공격용 드론을 사용해서 범죄를 강행하는 인물이 나타났을 때 그 사람이 반드시 국제 테러 조직 간부와 같은 유명인이라고 한정할 수 없다는 것이다.

경시청은 산자마츠리 건으로 드론 소년을 체포했을 때 자택에서 PC 2대와 태블릿 단말기 3대, 스마트폰 5대, 드론 1대를 압수했다. 어머니는 소년에게 용돈을 주지 않았다고 했으므로 동영상 업로드와 상품 판매로 수입을 얻어 장비를 충실하게 갖춘 후, 원거리의 교통비 등을 마련했으리라 짐작된다. 또한, 체포 후에는 소년의 신자라고 밝힌 20대 남성이 경찰서에 나타나 "소년에게 25만 엔을 입금했다."고 이야기했다고도 한다.

15세 치고는 상당한 자금력이라고 할지 모르나 소동의 크기에 비하면 들어간 밑천은 소액이다.

드론으로 얼마나 고도로 위험한 곡예를 할 수 있을지는 아직 모른다. 그러나 기존에는 할 수 없었던 일을 적은 자본으로 시작할 수 있다는 것이 드론에 사람이 끌리는 이유 중 하나라는 것은 틀림없다.

그리고 시판되는 드론 중에는 상당히 분해가 쉽도록 만들어진 것이 있다. 스마트폰 등은 유저가 간단히 분해할 수 없게 특수한 형태의 드라이버만으로 뺄 수 있는 나사를 사용한다. 하지만 이런 드론은 시중에서 판매되는 드라이버로도 대부분 분해할 수 있다. 내부 구조도 간단하다. 메인 전자기판은 한쪽에 달려있고 추가로 여러가지 부품을 장착할 수 있는 공간이 남아있다.

어느 정도 지식과 호기심이 있으면 시판 드론에 특수기능을 집어넣는 것도 불가능하지 않다. 작게 시작해서 크게 키운다. 그런 드론의 매력이 악인에게 이용당하지 않기를 바랄 뿐이다.

CHAPTER
05

일본 드론의 미래는
어떻게 될까?

마지막으로 남은 질문

지금까지 이 책에서는 세계와 일본의 드론 산업 현황을 대략적으로 살펴봤다. 세계경제를 대표하는 유명한 빅 플레이어들이 드론 산업에 속속 참여하고 있으며, 중국 DJI를 필두로 한 소위 드론 신흥기업이 국제무대에 화려하게 등장하기 시작했다는 것을 명확히 보여주었다.

동시에 이 책에서는 드론이 건전하게 발전하기 위한 과제가 서서히 표면에 드러나고 있는 점에 대해 문제 제기도 했다. 일본 사회는 수상관저에 드론이 추락한 사건을 계기로 그 위험성에 대해서 주목하고 있다. 이런 현상은 일본만이 아니라 주요 선진국에서 공통적으로 발생하고 있다. 앞으로 드론을 안전하게 운용하기 위한 법적 장치 및 보안대책에 대한 논의는 세계적 규모로 확대될 것이라 예상한다.

선진기술의 도래는 언제나 이노베이션에 대한 기대와 불안에서 나오는 규제론과 대립하게 된다. 드론도 그런 갈등 사이에서 세계의 하늘을 자유롭게 날아다닐 날을 오늘내일하며 기다리고 있다.

이제 페이지가 얼마 남지 않았지만, 아직 중요한 질문이 하나 남았다. 일본의 드론은 앞으로 어떻게 발전할 것이며, 세계에서 어느 정도의 위치를 차지할까? 즉 일본 드론의 미래에 대한 질문이다.

마지막 장에서는 일본 드론 개발 제1인자인 지바대학 노나미 겐조 교수 이야기를 중심으로 일본 드론의 미래를 생각하고 싶다.

일본 드론 개발 제1인자
노나미 겐조 교수가 걸어온 길

노나미 겐조 교수는 지바대학 특별교수 직함을 가지고 있다.

1979년 도쿄 도립대학 대학원 박사과정 수료 후 경험을 쌓아 1985년 NASA 연구원으로 부임, 3년 후인 1988년 지바대학 조교수로 취임하고, 1994년 지바대학 교수가 됐다. 그리고 2014년에 아쉽게도 정년퇴직을 맞이했으며 현재는 드론 개발 제1인자로 현직에 있다.

지금까지 노나미 교수가 연구자로서 걸어온 여정은 일본 드론 개발의 실정을 알 수 있는 하나의 힌트가 될 것으로 생각한다. 그러므로 조금 더 깊이 들어가 이야기하고 싶다.

노나미 교수는 공학을 전공했다. 1980년 후반부터 보행 로봇과 머니퓰레이터(로봇의 팔과 손, 암 부분-옮긴이) 등 기초연구에 힘쓰는 연구자로서 나날을 보냈다. 하지만 언제부터인가 단조로운 사무 업무에 의구심을 가지게 됐다. 그리고 1990년대부터는 사람에게 도움이 되는 로봇 개발을 목표로 연구에 몰두하게 됐다.

"연구는 인간과 사회에 도움이 되지 않으면 의미가 없다."

이번 취재에서 노나미 교수는 단호하게 말했다. 아마 젊은 시절부터 이미 이러한 신념의 싹이 자라나고 있었을 것이다.

그런 노나미 교수에게 1993년 캄보디아 방문은 큰 전환점이 됐다고 한다. 그곳에서 교수는 내전 종결 후에도 지진 피해로 고통받는 현지 주민의 애처로운 생활을 목격했다. 로봇으로 인간들의 아픔을 치유하고, 생활을 풍요롭게 만들 수 없을까? 그런 생각을 한 노나미 교수는 자율, 보행형 지뢰탐지 로봇과 무인 지뢰처리차 개발에 매진했다.

다만 그 과정에 항상 제약이 따라다녔다. 그도 그럴 것이 당시 일본은 해외에서 지뢰탐지 로봇을 사용하는 것이 군사적 이용에 해당한다는 우려어린 시선을 받고 있었기 때문이다.

평화헌법을 가진 일본의 사회적 제약이 분쟁지역을 돕기 위한 로봇 개발을 가로막았다. 그 때문에 노나미 교수의 연구는 현지 조사와 소규모 실험에 머물렀고, 자율형 로봇 개발에 대한 도전도 캠퍼스 한구석에서 겨우 명맥을 이어가게 된다.

그 후 얼마 동안 남몰래 지뢰탐지 로봇 개발을 계속하던 노나미 교수에게 이윽고 전기가 찾아온다. 1997년 일본 정부의 오타와 조약 비준이다.

이 조약은 대인지뢰 사용금지를 결정한 국제조약이다. 지뢰철거 작업이 국시가 되면서 노나미 교수가 개발했던 보행형 육각 로봇이 정부관계자의 눈길을 끌어 개발환경에도 순풍이 불게 됐다.

노나미 교수가 시행착오를 거듭해온 로봇 연구는 일본학술회의에서 정식 프로젝트가 되었고, 예산 및 일본 유수의 로봇 개발 인재

가 투입됐다. 그리고 지뢰탐지 기능을 갖춘 보행형 육각 로봇 '코멧
-1COMET-1'의 완성이라는 성과와 함께 세상에 알려진다.

또한, 노나미 교수는 1998년경부터 싱글로터 헬리콥터와 드론
연구에 착수했다. 3년 후인 2001년 8월에 히로보주식회사와 공동
개발한 싱글로터 헬리콥터 'SF40'으로 고도제어와 자동 이착륙 등
을 포함한 완전 자율형 제어에 성공하고, 그 후에도 무인기 자율비
행과 산업용 애플리케이션 개발에 박차를 가했다.

한편 2000년 이후로는 지뢰 문제로 고심하던 아프가니스탄, 크
로아티아, 이라크 등 세계 여러 국가를 돌며 자율형 지뢰탐지 로봇
운영의 실험과 실패를 되풀이하면서 경험과 기술을 축적했다. 그렇
게 얻어진 탐지 기술과 알고리즘 개발 노하우를 그 후 드론 개발에
활용하게 된다.

앞서 이 책 제3장에서 세콤과 야마하발동기주식회사의 드론, 무
인 소형기에 대해 다뤘다. 노나미 교수의 에피소드와 비교하면 몇
가지 공통점이 있다. 바로 '로봇의 사회적 유용성을 확립한다'는 시
점을 항상 유지했다는 것이다. 또한 이를 위해 수십 년에 걸쳐 연구
개발을 계속해왔다는 점과 규제를 클리어하기 위해 안전성과 정밀
도를 높이는 노력을 계속해왔다는 것도 공통적이다.

약간 진부한 이야기일지 모르나, 현재 일본 드론 개발 최전선에
서 활약하는 사람들의 모습에서 인간의 마음이 얼마나 중요한지 새
삼스럽게 확인할 수 있었다. 아무리 기술이 발전한다고 해도 마음
이 빠져있으면 혁신은 불가능하다.

"인간에게는 보고 싶은 것만 보인다"라는 율리우스 카이사르 시

저의 유명한 말이 있듯, 그들이 드론이라는 선택지에 도달한 것은 결코 우연이 아니었을지도 모른다. 어떻게 로봇이 사람을 도와주도록 만들 것인지, 나아가 로봇이 인간 사회를 어떻게 풍요롭게 할 것인지 추구해왔기에 비로소 드론이라는 답을 볼 수 있게 된 것이리라.

노나미 교수는 그런 일본 드론 관계자 누구나 인정하는 선두주자이다.

자율제어시스템연구소가 개발한
일본 드론

"현재 세계에서 개발이 진행 중인 드론은 아직 인간으로 치면 7~8
세 수준이라 생각합니다. 17~18세 수준이 되어야 제대로 활용할 수
있다 생각하면 앞으로 본격적인 개발이 시작되는 단계에 있다고 할
수 있습니다."

2015년 3월, 바쁜 일정에도 불구하고 취재에 응해준 노나미 교
수는 개발한 드론을 대략 보여준 후 매우 침착하고 온화한 말투로
이야기를 시작했다. 장소는 지바대학 캠퍼스 안의 한적한 방. 자율
제어시스템연구소 사무실이었다.

자율제어시스템연구소는 노나미 교수가 연구실에서 30년 이상
쌓아올린 첨단제어, 자율제어, 로봇, 메카트로닉의 여러 연구 성과
를 바탕으로 2013년 11월 1일 설립된 학내 벤처기업이다. 앞으로
학교 밖으로 거점을 옮길 계획도 있으나 현재는 대학 캠퍼스 안에
서 완전 자율형 전동드론 '미니 서베이어'를 연구·개발하고 제조·
판매하는 등 사업을 전개하고 있다.

2012년 10월에는 개인, 기업, 단체, 정부와 지자체 등 드론 관계 기관이 모여서 미니 서베이어 컨소시엄을 발족했다.

이것은 일본 드론의 기술적 성능 향상 및 실용화, 그리고 글로벌 비즈니스의 주도권을 잡는다는 목적으로 설립된 산학관 연계단체 이다. 드론 관련 사례 발표와 체험회를 정리하는 기획위원회와 관련 관청, 관련 법안에 관한 대응을 맡은 법무대응위원회, 그리고 드론의 안전 가이드라인을 확정하고 운용, 홍보를 담당하는 안전관리위원회, 기능검정제도를 감수, 지원하는 기능검정협회 등을 산하에 두고 2014년 5월 시점에서 약 140여 개 사가 참여하고 있다. 노나미 교수는 바로 그런 드론 개발·보급을 위한 본부라고 할 수 있는 컨소시엄의 회장이다. 물론 노나미 교수가 대표이사인 자율제어시스템연구소도 컨소시엄 안에서 중심적 역할을 하고 있다.

자율제어시스템연구소의
산업용 드론

현재 자율제어시스템연구소에서 개발, 제작하고 있는 것은 산업용 드론이다. 중국 DJI와 프랑스 패럿이 주로 개발, 판매하는 취미용과는 같은 드론이지만 구매자와 사용 목적이 다르다.

가령 자율제어시스템연구소가 개발한 드론 'MS-06K1'은 일본 경시청 재해대책과 특수구조대에 납품된다. 이 기체는 동영상, 정지영상을 촬영할 수 있는 카메라는 물론이고 낙하산과 수납 컨테이너, 적외선 카메라 등도 장착하고 있다.

노나미 교수는 자신이 개발한 드론에 대해서 앞으로 "더욱 다양한 용도로 사용할 수 있도록 개발을 진행할 것이다."라는 희망을 이야기했다.

"자율제어시스템연구소에서 개발한 드론의 비행시간은 기종에 따라 10분부터 30분 정도입니다. 카메라가 표준장비이므로 5~8kg의 물건을 운반할 수 있습니다. 농작물의 생육상황을 확인하거나 농약 살포용으로도 사용 가능한 단계에 있습니다. 그밖에도 방사선 관측, 인프라 점검, 소방, 보안 등 폭넓은 분야에서 응용할 수 있습니다."

취미용과 산업용 드론의 차이는 전적으로 기체 성능과 안전성에 있는 것이 아닐까? 개인적으로 그렇게 생각한다. 물론 취미용은 성능이 낮고 안전성이 떨어져도 괜찮다는 것은 아니다. 다만 산업용 드론 쪽이 더욱 엄격한 품질검사를 요구받을 것은 분명하다.

먼저 어떤 환경에서도 추락할 위험을 최소화할 필요가 있다. 요즘 세계 각지에서 취미용 드론의 추락이 주목받고 있다. 산업용 드론에 그런 실태는 치명상이 된다. 그도 그럴 것이 추락할 가능성이 있는 기체를 실용화하기는 어려우며, 대인사고 등을 일으키면 앞으로 확대될 것이 분명한 시장에서 브랜드 이미지 실추를 초래할 위험성이 있기 때문이다.

동시에 비행 성능 이외의 부분에서도 여러 가지 시추에이션과 임무처리과정에서 안전성을 확보해야 한다. 야마하발동기주식회사의 UMS 사업추진부 개발부장 겸 일본산업용무인항공기협회 이사 사카모토 오사무는 그 점에 대해서 다음과 같이 강조했다.

"무인 소형 비행기를 상업용으로 이용할 때 단순히 비행의 안전이 보장되는 것만으로는 부족합니다. 그것은 전제에 지나지 않습니다. 그보다 더 나아간 다양한 활용 현장에서 임무를 안전하게 처리할 수 있는 기술이 요구됩니다. 가령 드론을 농약 살포용으로 사용한다고 합시다. 그때는 과잉 살포나 불균등한 살포가 일어나지 않도록 기체의 움직임을 정밀하게 제어하는 기술이 요구됩니다. 혹시 이런 것들을 게을리하면 해충을 없애지 못하거나 식물이 변색하는 등 식품의 안전성을 지킬 수 없게 되며 농가의 수확에 큰 영향을 미치게 됩니다."

사카모토 부장의 이런 지적은 드론을 다른 분야에서 활용할 때도 마찬가지일 것이다.

제2장에서도 언급했으나 취미용 드론 분야에서는 2014년을 계기로 중국의 DJI와 프랑스의 패럿이 시장 주도권을 잡기 시작했다. 그러나 노나미 교수의 말에 의하면 산업용 드론 분야는 앞으로 국제적인 경쟁이 치열해질 것이라 예상된다.

"자율제어시스템연구소에서 개발한 산업용 드론은 이미 약 100대가 판매됐습니다. 그리고 수주 및 제작 중인 기체가 약 100대입니다. 주문한 곳 중에는 미국 등 외국 클라이언트도 포함되어 있습니다. 2015년 생산목표는 400대입니다. 지금은 이틀에 한 대꼴로 제작하고 있으나, 이것을 하루에 한 대까지 끌어 올리고 싶습니다. 아마 수주 건수와 매출은 2017년 정도까지 늘어날 것으로 예측합니다. 판매목표는 2,000대 정도? 다만 신규로 개발, 판매에 참가하는 곳이 늘어날 것이므로 경쟁도 심해질 것입니다. 최종적으로는 좋은 품질의 드론이 살아남을 것입니다."

일본의 드론 보급에 걸림돌이 되는 또 하나의 요소는 가격이다. 현재 자율제어시스템연구소에서 개발한 산업용 드론은 200만~300만 엔이다. 노나미 교수는 "약간 비싼 것 같은데요?"라는 질문에 동의했다.

"우리가 드론을 양산하고 싶어하는 이유는 가격문제 때문입니다.

가령 가정에서 지붕에 문제가 있다고 합시다. 그럴 때 드론을 사용했으면 합니다. 편리해서 한 집에 한 대를 가지고 있는 미래를 상상하고 있습니다. 소위 '마이 드론'입니다. 그렇게 되면 최소한 100만 엔정도 내릴 필요가 있습니다. 그렇다고 해외에서 인건비를 줄이며 만드는 것도 폭주 등 리스크 문제가 있어 무섭습니다. 다른 나라의 저렴한 드론보다 성능에는 자신이 있으므로 일본산을 고집하고 싶습니다. 국제적으로 비교하면 캐나다 에리온Aeryon 드론은 좋은 제품입니다만, 가격이 1200만 엔 정도입니다. 미국과 독일과 일본의 가격은 비슷한 정도이고 중국은 상당히 저렴한 형태입니다."

취재 후 2015년 5월에 자율제어시스템연구소는 '전천후 드론'을 일반에 공개했다. 이 드론은 우천과 강풍에도 비행이 가능하고 수면에 추락해도 떠올라 기체 회수가 가능하다고 한다. 앞의 말 속에 담겨있던 산업용 드론 개발에 대한 자신감을 바탕으로 목표를 착실히 이루어가는 모습을 볼 수 있었다.

자율제어시스템연구소에서는 전천후 드론 발표와 동시에 자동편대비행기술과 자동 전지교환 시스템, 장애물탐지기술 등도 공개했다. 자동편대비행은 여러 대의 드론이 연계해서 동작하는 기술이다. 재해현장 등에서 여러 대의 드론이 연계해서 작업하면 더욱 광범위한 면적을 조사할 수 있다. 자동 전지교환 시스템은 배터리를 전부 사용한 드론이 귀환해 배터리를 교환하는 기능을 가리키며, 장애물탐지기술은 이름대로 장애물을 탐지해서 충돌을 회피하는 기술이다.

정부와 민간이 하나가 되어
드론 대국을 노리는 일본

나날이 새로운 기술이 공개되는 일본 드론의 현장. 여기서 선두에 있는 노나미 교수에게 일본 드론 산업의 현주소에 대한 몇 가지 의문을 던져보았다. 먼저 반드시 묻고 싶었던 질문을 했다.

과연 일본은 세계 시장에서 승리할 수 있을까?

이 질문을 더욱 구체화하면 "글로벌 규모로 경쟁이 벌어질 드론 산업에서 일본에서 제작된 드론이 점유율을 차지할 수 있을까?"라는 것이었다. 약간 단도직입적인 느낌도 들었으나 일본 드론 산업의 국제 경쟁력이 현재 어느 정도인지 일본 드론 개발 제1인자의 솔직한 의견을 듣고 싶었다.

"정부가 진지하게 예산을 짜며 법 정비에 들어가고 민간도 참여한다면 세계 시장에서 승리할 수 있습니다. 아마 아직은 이길 수 있을 겁니다. (웃음) 그도 그럴 것이 아까 이야기한 대로 세계적으로 드론 기술은 아직 인간으로 치면 7~8세 수준입니다."

살짝 미소 지으며 그렇게 말을 꺼낸 노나미 교수는 "다만"이라며 몇 가지 조건을 붙였다.

먼저 노나미 교수가 지적한 것은 비즈니스 전략을 꼼꼼하게 만들 필요가 있다는 점이었다.

"국제 시장에서 일본 드론이 성공하려면 비즈니스 속도가 문제입니다. 중국의 DJI와 일본 드론의 기술은 호각이나 그들은 비즈니스에 능숙합니다. 게다가 중국이라는 환경 특성상 제조비도 낮출 수 있습니다. 이런 상황에서 경쟁하면 언젠가는 이길 수 없게 될 것입니다."

자동제어시스템연구소가 개발한 기체가 200만~300만 엔 하는 점에 대해서는 이미 언급했다. 이에 비해 DJI 제품은 20만 엔을 밑돌고 있다. 현재는 산업용과 취미용이라는 다른 영역에 있으나, DJI가 산업용 드론 양산체제를 갖추지 않으리라고 아무도 장담할 수 없다. 그렇게 됐을 때 점유율 획득을 위한 싸움은 더욱 치열해질 것이다.

물론 DJI 말고도 일본 드론의 라이벌이 될 수 있는 드론 제조업체는 많다. 일본 드론이 세계 시장에서 승리하기 위해서는 비즈니스 성공을 통한 수익 확보와 개발 촉진이라는 양 바퀴를 잘 조합할 필요가 있다.

다음으로 노나미 교수가 지적한 것은 일본 정부와 드론 개발 현장의 관계에 대해서였다. 결론부터 말하면 정부가 개발지원을 늘려야 한다는 주장이다.

"일본 드론은 기술적으로 다른 나라에 뒤지지 않습니다. 다만 나라의 지원제도에 차이가 있습니다. 일본 드론 개발자들은 외국과 비교하면 거의 자력으로 개발하고 있다 해도 과언이 아닙니다. 대표적으로 캐나다와 비교할 수 있습니다. 캐나다의 에리온^{Aeryon}이 만든 기체는 세계에서 최고 수준입니다. 그들은 학내 벤처기업이라는 측면이 있으나 정부에서 30억 엔 정도의 지원을 받았습니다. 큰 투자를 받고 단숨에 개발을 진행한 것입니다."

일본 정부는 신기술개발 투자에 다른 나라보다 상대적으로 선택과 집중 전략을 사용하지 않는 경향이 있다. 드론 분야에 대한 특구 설치가 진행되고 아베노믹스에서 무인비행기 기술개발의 중요성을 이야기하고 있으나, 다른 신기술개발 분야보다 특별히 많은 예산을 지원받는 것은 아니라고 한다.

"어차피 라이벌은 해외 기업입니다. 컨소시엄을 설치한 이유도 여기에 있습니다만, 저는 일본 전체가 힘을 합쳐서 싸워나가야 한다고 생각합니다."

사견이나 개발지원 이외에도 정부와 민간이 하나가 될 이유가 또 있다. 일본 드론 산업을 건전하게 발전시키려면 법 정비가 필요하다. 실용화를 위한 가이드라인이 정해지지 않는 한 드론 운용 실적을 쌓으면서 경험과 노하우를 축적하는 것은 어렵다. 반대로 확실하게 가이드라인이 정해지면 그 범위 안에서 국제 경쟁력을 키울 수 있다.

일본 드론의 앞날에 대해서 노나미 교수는 이렇게 덧붙였다.

"드론 실용화는 여러 가지 리스크와 프라이버시 문제가 있다는 의견이 있습니다. 한편으로 새로운 세계가 펼쳐질 것이라는 긍정적인 의견도 있습니다. 최종적으로 중요한 것은 드론을 일본 사회가 받아들이느냐, 못 받아들이느냐 입니다. 즉 사회적 합의가 필요합니다."

아마 노나미 교수가 말하는 사회적 합의는 정부가 모두 받아들여 드론 관련 법률로 실체를 드러낼 것이다. 현재 드론 실용화의 앞길에는 전파법, 항공법, 도로교통법 등 장애물이 산적해 있다.

앞으로 여론이 어떻게 기울고 법은 어떤 식으로 정비될까?

정부와 기업만이 아니라 국민을 포함한 일본 전체가 드론 문제에 대처할 수 있느냐 하는 문제가 일본 드론 산업의 성패를 쥔 하나의 열쇠가 될 것 같다.

드론 관련 법 정비를 둘러싼 각국의 움직임

참고삼아 이야기하자면 드론 실용화를 둘러싼 환경과 법 정비는 나라마다 온도 차가 있다. 실용화를 위해 활발히 움직이는 나라도 있고, 안전을 우선해서 엄격한 규제를 하려는 나라도 있다.

일본은 어느 쪽일까? 아마 후자에 속하지 않을까? 마쿠하리 멧세에서 2015년 5월 20일부터 개최된 제1회 국제 드론 전시회에 판로 확장을 위해 왔던 미국, 유럽의 드론 관계자는 "일본에는 부정적 보도가 많다"라며 아쉬운 듯 이야기했다. 분명히 수상관저와 젠코지의 추락사고가 지나치게 클로즈업되면서 비행을 규제하는 지자체가 늘어나는 등 갑자기 비행금지를 주장하는 방향으로 여론이 선회하고 있다.

일본 이외의 나라에서는 법 정비가 어떤 식으로 진행되고 있을까?

먼저 노나미 교수도 보증하는 드론 산업 선진국인 캐나다에 주목했으면 한다. 캐나다는 일반인이 무인 소형 비행기를 날릴 때 규제가 매우 많다. 가령 카메라를 탑재한 일반적 무선조종 비행기조차 무인 비행 차량이라는 범주에 해당하므로 캐나다 교통부에서 특별비행운용인증SFOC 취득이 의무화되어 있다.

다만 이 특별비행운용인증은 소형 무인비행기를 사용하는 전문가를 위한 허가제도이며 상업적 이용의 가이드라인이라는 측면도 있다. 엄격한 규제가 있으나 정해진 룰만 지키면 드론을 자유롭게 활용할 수 있다.

에리온 부사장 척 로우니는 캐나다 드론 사정에 대해 다음과 같이 이야기했다.

"룰을 잘 지키고 정부와 기업 및 전문가가 신뢰관계를 구축해 드론의 상업적 이용 폭이 점점 넓어지고 있습니다. 현재 에리온의 드론은 언제나 캐나다 하늘을 날 수 있습니다. 다른 나라처럼 야간비행제한 등도 없습니다."

캐나다는 인구가 적은 북부에 발전소와 송전선 등 중요한 인프라가 많으므로 이것을 보수, 점검하기 위해서 큰 비용이 들어갔다. 하지만 드론을 활용하면 비용 절감이 가능하므로, 정부가 후원해서 민간 기업이 드론을 활용하기 쉽도록 법을 정비했다고 한다. 이러한 캐나다의 드론 관련 법 정비는 전 세계 드론 관계자에게 모범 사례가 되고 있다.

한편 아마존 등 대형 IT기업이 미국에서 연방항공청 주도로 알래스카대학교, 네바다 주, 뉴욕 주, 그리피스 국제공항, 노스다코타 주 상무부, 텍사스A&M대학교 코퍼스크리스티, 버지니아공과대학교 등 기관에 특정실험구역을 설정하는 등 상업용 드론의 실용화를 위한 움직임에 속도를 내고 있다.

또한, 개발 환경을 보면 2015년 1월 현재 100여 개 이상의 대학이 드론 관련 학과를 설립했으며, 그중 일부는 정부 예산을 지원받아 신형 드론 개발에 착수했다고 한다. 미국에서는 이미 7,000~8,000대의 무인기가 하늘을 날아다니며, 2025년에는 3만 대까지 증가할 것이라는 예측도 있다. 노나미 교수는 다음과 같이 덧붙였다.

"미국은 원래 항공, 우주산업이 강한 나라입니다. 현재 전 세계적으로 미국제 항공기가 다수를 차지하고 있습니다. 그리고 앞으로 이 분야에서 드론의 존재를 무시할 수 없습니다. 미국이 드론 개발을 그만둔다는 것은 국가의 주요 산업 중 절반을 포기한다는 것이 됩니다."

다만 미국에서도 드론 실용화를 위한 환경을 만드는 것이 모두 순조롭게 진행되는 것은 아니다. 가령 백악관 일대를 비행금지구역으로 정하고 있다. 비행 고도와 상관없이 허가를 받지 않고 항공기를 비행시키면 벌금 또는 1년 이하의 징역형에 처한다. 여기서 말하는 항공기에 드론이 포함되는 것은 말할 필요도 없다. 백악관 근교에서는 드론 추락사건이 자주 일어나서 미국 정부는 대응에 골머리를 앓고 있다고 한다.

노나미 교수도 이렇게 말했다.

"미국이 우려하는 것은 프라이버시 문제입니다. 가령 드론은 비행할 때 소리가 작으므로 야간비행은 스토커 피해로 확대될 우려가 있습니다. 또한, 미국이 가장 두려워하는 것은 드론을 사용한 테러 피해입니다. 9·11의 악몽은 국민에게 트라우마로 남았기 때문입니다. 그래서 비행 금지 구역을 설정하거나 탑재량을 25kg 이하로 제한하고, 비행을 낮에만 할 수 있게 하는 등 한정적으로 운용하고 있습니다. 마음속으로는 정부 차원에서 보급과 개발에 더욱 힘을 쏟고 싶을 것입니다. 하지만 찬반양론이 대립하고 있어 어려울 것 같습니다. 가령 뉴욕 시장은 드론 반대파입니다. 반면 페이스북, 아마존, 구글 등 기업은 실용화를 위해 적극적으로 움직이는 구도라고 할까요?"

유럽도 또한 드론 실용화와 비행제한 사이에서 흔들리고 있다. 프랑스는 취미용 드론을 주도하는 패럿이 본사를 두고 있기에 캐나다와 마찬가지로 드론 관련법의 정비가 빠르게 이루어진 나라이다. 파리 상공에서 허가 없이 드론을 날리면 징역 최고 1년과 약 8만 5,000달러의 벌금형에 처하는 규제를 갖추고 있으며, 일반 사용과 상업적 이용의 경계가 더욱 확실하게 정비될 전망이다.

그러나 프랑스에서는 2014년 이후로 각지의 원전 13곳, 그리고 원자력 잠수함 기지 주위에 정체를 알 수 없는 드론이 접근하는 사건이 끊이지 않고 있다. 프랑스 신문《르몽드》의 보도에 따르면 이런 드론 중 최대 지름이 2m나 되는 것까지 있었다고 한다. 또한, 2015년 1월경에는 대통령 관저 상공에도 수상한 기체가 나타나는 사건이 일어나 드론의 범죄 이용에 대한 우려가 커지고 있다.

2014년 프랑스라고 하면 가장 먼저 떠오르는 것은 IS의 테러가 아닐까?

풍자 주간지《샤를리 에브도》편집부가 총격을 당한 사건은 전 세계에 대대적으로 보도됐다. 앞으로 드론을 사용한 테러에 대한 우려로 규제를 강화하는 방향으로 민의가 기울지 않을까? 움직임을 주시하고 싶은 나라 중 하나이다.

덧붙여서 프랑스의 이웃 나라 독일은 2013년 9월 당시 메르켈 수상 가까이 드론이 접근해서 추락한 사건이 일어났다. 나중에 반대진영 정당이 항의를 위해 날린 것이 발각됐다. 그때까지 독일은 5kg 미만의 기체를 날릴 때 특별한 허가가 필요 없었다. 현재는 수상부 반경 5.5km 안의 비행은 법률로 금지됐다.

한편 유럽 전체로 보면 사람이 적은 벽지에서 상업적 이용을 실용화의 전제로 한 시도가 진행되고 있다. 유럽항공안전기구EASA는 독일 운송회사 DHL에 드론 파셀콥터를 사용한 배달을 일부 정식 허가했다. 2014년 9월에는 낙도에 의료품을 전달하는 서비스 실용화를 후원했다.

파셀콥터를 사용한 배달은 위험을 대비해 파일럿의 감시가 의무화되어 있다. 또한, 독일 연방교통및디지털인프라부가 이 프로젝트를 위해서만 설정한 구역에서 한정적으로 운용했다. 그렇지만 비행 자체는 완전 자동화되었으며, 세계에서 처음 인허가된 드론 택배사업으로 전 세계의 주목을 모았다. 앞으로 벽지에 의약품과 비상용 물자를 보낼 때 비용을 절감하기 위한 방법으로 드론 실용화가 진행될 전망이다.

스위스에서는 우편공사 스위스포스트 주도로 빠르면 2015년 6월에 드론을 사용한 배송 서비스 테스트를 할 예정이라고 한다. 스위스 신문《르마탱》에 따르면 테스트 비행에는 미국 기업 등이 만든 기체가 사용된다고 한다.

아시아 국가 중에서는 태국이 드론 이용 규제를 강화하고 있다.

태국 항공국은 드론 사용 전반에 걸쳐서 면허취득을 의무화하고 있으며, 이것을 어기면 징역 1년 및 4만 바트의 벌금 등 엄하게 처벌한다. 또한, 면허를 취득했어도 드론의 최고 연속비행시간 1시간 이내, 지상 15~150m 이내의 비행 제한 등 여러 가지 제약이 있다. 그리고 태극은 드론에 카메라를 탑재하는 것을 기본적으로 인정하지 않는다고 한다. 공중촬영할 때는 면허와 별도로 저널리스트나 프로사진가, 영화촬영 등의 자격으로 허가를 받아야 한다.

왜 태국은 드론 규제에 엄격할까? 수도 방콕에 사는 IT 관련 사업가는 다음과 같이 이야기했다.

"결정적인 이유는 확실하지 않지만, 일단 방콕에는 왕궁과 왕족의 저택이 산재해있다. 태국에서는 왕족의 권위가 강하므로 도촬 등의 사건이 일어나면 문제가 된다. 물론 다른 나라와 마찬가지로 일반인이 도촬 대상이 될 가능성도 걱정하고 있다고 본다. 게다가 태국은 낡은 전선이 많아서 비행하다가 얽히기라도 하면 화재로 이어질 위험성도 있다. 개인적으로는 법률상으로 무선조종 비행기와 같은 취급을 한다는 느낌이다."

한편 태국 주재 한국인 사업가는 "백화점에 가면 많은 곳에서 드론을 팔고 있다"라고 했다. 그리고 "드론을 날리다 체포당했다는 이야기는 들은 적이 없다"고도 이야기했다. 태국의 상황을 보면 법 정비와 동시에 규제가 사회에 제대로 뿌리내리도록 나라와 정부, 지자체 및 기업이 계속 선전하는 것이 중요할 것 같다.

이런 각국이 법을 정비하는 모습을 보면 그 나라만의 사정이 엿보인다. 일본도 일본의 사정에 맞는 드론 관련법 정비가 필요할 것 같다.

동일본 대지진과
드론

일본산 드론 개발과 일본의 사정에 맞게 법을 정비해나가는 것에
는 어떤 이점이 있을까? 물론 일본산 드론이 전 세계에서 점유율을
획득하면 경제적 효과를 얻을 수 있다는 것이 수많은 이점 중 하나
일 것이다. 그러나 그밖에도 눈에 보이는 이점이 많다.

가령 일본은 자연재해가 잦다.

노나미 교수는 일본 드론 개발이 진행되면 지진 재해와 산사태,
화산분화 때 사람이 들어갈 수 없는 현장의 작업에 큰 효과를 발휘
할 것이라고 지적했다.

"혹시 소방서와 경찰에서 드론을 사용한다면 외국 제품의 사용은
힘들 것이라 생각합니다. 일본산 드론을 개발하는 작업이 한층 더 필
요해지지 않을까요?"

그리고 일본에는 후쿠시마 원자력발전소의 폐원자로라는 과제
가 있다. 자율제어시스템연구소가 개발한 원전 조사용 기체는 이미
후쿠시마 제2원전 5호기 안에서 자율비행에 성공했으며 실용화를

위한 개발이 진행 중이다.

2020년 도쿄 올림픽 개최가 결정되었기에 외국계 기업과 외국인 관광객, 외국인 노동력 유도에 힘을 쏟을 방침이라는 아베 정권. 하지만 원전 문제가 장해물 중 하나라는 것은 부정하기 어려운 사실이다. 개인적인 경험으로는 동서양을 불문하고 일본을 방문하고 싶어하는 외국의 친구, 지인과 이야기할 때 최종적으로 화제가 되는 것이 원전의 폐원자로 문제이다.

2015년 세계 보도 자유도 순위에서 일본은 처음으로 61위를 기록했다. 이와 관련해 뉴스 사이트《더 페이지THE PAGE》는 다음과 같은 기사를 올렸다.

"세계 보도자유도 순위 보고서에서 일본의 순위가 내려간 이유는 다음과 같다. 하나는 동일본대지진으로 발생한 후쿠시마 제1원전 사고에 대한 보도문제이다. 후쿠시마 제1원전 사고를 둘러싸고 전력회사와 원전 마피아가 만들어 낸 미디어 체제의 폐쇄성과 기자클럽에서 프리랜서 기자와 외국 미디어 배제의 구조 등이 지적되고 있다."

이것은 보도규제에 관한 지적이지만 일본의 대외 이미지가 원전처리문제에 발목이 잡혀있다는 증거 중 하나가 될 것이다.

여기부터는 멋대로 상상한 것이 지나지 않으나 일본산 드론 개발의 진전은 원전 문제로 상처를 입은 일본의 대외 이미지 회복에 도움이 되지 않을까?

일본이 뛰어난 기술을 가진 로봇 대국이라는 것은 전 세계 사람이 알고 있다. 그런 일본의 지혜를 결집하고 일본산 드론의 개발을 추진하면서 정부와 민간이 하나가 되어 드론을 이용하기 좋은 환경을 만들어 간다. 그리고 거기서 얻은 지식과 경험을 살려 원전 폐원자로에 대한 실험에 속도를 낸다. 결과적으로 미증유의 사고를 자국에서 배양한 드론 기술로 극복하게 되면 국제사회가 일부에게 품은 평가와 이미지는 매우 높아질 것이다. 동시에 일본 드론의 국제적 평가도 마찬가지로 높아지며 글로벌 시장에서도 경쟁력을 획득할 수 있지 않을까?

재해용 로봇에 대한 기대

여담이지만 발생한 지 4년이나 지난 현재 후쿠시마 원전 사고는 세계 각국의 재해용 로봇 개발에 큰 자극을 주고 있다. 미국 펜타곤 의 방위고등연구계획국DARPA이 세계 최고의 재해용 로봇을 뽑는 '다르파 세계 재난로봇 경진대회DARPA Robotics Challenge, DRC'를 기획하 는 것을 예로 들 수 있다.

방위고등연구계획국은 주로 군대에서 사용하는 신기술개발 및 연구를 하는 미국 펜타곤 기관이다. 인터넷의 원형이 된 아르파넷 ARPANET과 전 지구 측위 시스템인 GPS를 개발한 것으로 알려졌다. 또한, 아이폰 4S부터 탑재하기 시작한 대화 해석, 인식 인터페이스 '시리Siri'도 방위고등연구계획국이 개발한 것이다.

방위고등연구계획국은 미국 국방부가 기술적 우위를 확보하는 것을 목적으로 한 첨단기술의 집결지이다. 그런 방위고등연구계획 국이 주목하는 기술 분야 중 하나가 재해용 로봇이다.

방위고등연구계획국이 주최하는 다르파 세계 재난로봇 경진대 회는 일설에 따르면 후쿠시마 제1원전 사고를 계기로 만들어졌다 고 한다. 결승이 벌어지는 회장은 후쿠시마 제1원전의 재해지역을 재현했다는 것이다. 예선을 통과한 팀들의 로봇은 자동차 운전, 장애물 회피보행, 사다리 오르내리기, 폐기물 처리, 문의 여닫기, 블록 담장 굴착 및 절단, 방수, 밸브 개폐 등 모두 아홉 가지 항목에서 성능을 겨룰 예정이다.

이 대회는 2012년 10월부터 참가자 접수 및 예선대회를 시작했으며 2015년 6월 미국 캘리포니아에서 결승전이 열렸다. 우승상금은 약 2억 엔(상금 합계 약 3억 5,000만 엔). 예선을 돌파한 세계 최상위 재해용 로봇이 영예와 상금을 놓고 경쟁했으며 일본에서는 에어로, HRP2-Tokyo(도쿄대), AIST-NEDO(일본 연구개발법인 산업기술종합연구소) 등 다섯 팀이 참가했다.

IT 산업 다음은 로봇 산업의 시대가 온다는 말이 나온 지 오래됐으나, 21세기가 도래하고 15년이나 지난 지금도 여러 가지 리스크와 윤리적 문제가 계속 논의되는 중이다.

손상과 제어불능 시 안전성과 로봇 도입으로 인한 인적 노동력 배제 등이 대표적인 예가 될 수 있다. 최근에는 AI(인공지능)의 폭주도 우려 중 하나로 부상하고 있다. 다만 재해용 로봇은 인간이 할 수 없는 일과 하고 싶지 않은 일 또는 수작업의 리스크 감소 등 목적이 명확하고 간결하다. 영역이 확실히 나뉘므로 리스크와 피해도 매우 적다. 인간과 로봇의 미래를 생각하면 현실적인 선택지가 될 수 있다. 육지에서는 인간이 구조활동과 재해 대응을 한다고 해도, 하늘의 작업은 드론을 사용하는 것이 압도적으로 효율적이기 때문이다.

노나미 교수는 드론이 로봇 산업에 끼칠 영향에 대해서 이렇게 이야기했다.

"자동차, 컴퓨터에 이어서 다음은 무엇일까? 이 질문의 답은 로봇이라고 합니다. 다만 로봇이 인간에게 어떤 도움을 줄 수 있을지가 아직 확실하지 않았습니다. 아시모(혼다가 개발하고 혼다 엔지니어링 주식회사가 생산하는 세계 최초의 2족 보행 로봇-옮긴이)도 어차피 구경거리일 뿐이고, 가격도 얼마나 할지 모르겠다는 것이 현재의 인식입니다. 그리고 인간의 몸에 탈착하는 로봇은 안전성에 대한 우려도 있습니다. 구호 로봇을 예로 들 수 있습니다. 파워드 슈트를 입는 것도 용기가 필요합니다. 전원을 넣었을 때 관절이 반대로 굽어지면 인체에 피해가 생깁니다. 그러던 중 겨우 실용화를 향한 현실적 느낌이 보이기 시작한 것이 비행로봇, 즉 드론입니다. 무엇보다 인간이 할 수 없는 일을 할 수 있다는 것이 매력적입니다."

원전의 폐원자로, 재해용 로봇, 로봇대국, 그리고 일본의 국가 이미지와 글로벌 시장으로의 도약. 이런 키워드를 하나로 이어서 만족할 수 있는 첨단기술은 드론이다. 일본의 미래를 생각했을 때 일본이 드론 개발에 더 주력해야 할 이유는 매우 많지 않을까?

노나미 교수에게 듣는
드론 기술의 미래

이야기를 다시 되돌려 일본 드론 산업의 미래상에 이어서 노나미 교수에게 두 번째 질문을 던졌다. 그것은 "앞으로 세계의 드론은 어떤 기술적 진보를 이룰까?"라는 질문이었다. 노나미 교수는 기술적 이야기를 잘 모르는 나를 위해 알기 쉬운 예를 들면서 하나씩 자세히 설명했다.

"조금 전에도 언급했지만 저는 성능과 신뢰라는 면에서 드론 기술은 이제 막 태어난 것이나 마찬가지라고 생각합니다. 자동차는 발명되고 벌써 1세기 정도 지났습니다만, 초기에는 엔진 트러블이 생기면 보닛을 열고 열을 식히곤 했습니다. 현재 드론 기술은 그때 상황과 비슷하다고 보시면 됩니다."

노나미 교수는 또한 드론 기술의 현재 상황을 PC 발전 과정과 비교해서 설명했다. PC는 1980년경에 탄생했으나 1980년 중순 무렵 수준이 드론 기술의 현재와 비슷하다고 한다. PC는 그 후 약 30년이 지나면서 소형, 고성능의 길을 걸었으며 현재는 스마트폰과 웨어러블 기기로 발전했다. 드론 기술도 PC와 마찬가지로 가속도가 붙으며 발전할 가능성이 크다고 한다. 그리고 노나미 교수는 드론 기술 발전의 결정적 열쇠가 바로 컴퓨터의 성능이라 지적했다.

"역시 컴퓨터의 성능 발전은 빼놓을 수 없습니다. 지금보다 처리 속도가 100배 정도는 빨라져야 드론을 본격적으로 활용할 수 있습니다. 드론은 지상에서 150~250m를 나는 초저공비행을 하는 것이 특징입니다. 그러므로 전선과 나무 등 장애물을 인식, 회피하면서 비행하는 것을 고려해야 합니다. 이런 기술을 감지 및 회피기술sense-and-avoid이라 부릅니다. 50~100km/h로 비행하면서 이 기술을 실현하기 위해서는 컴퓨터 성능이 현재의 100배로 발전해야 합니다. 아마존이 드론을 사용한 배송 사업을 하려고 합니다만, 7~8년 후에 실용화하는 것을 목표로 하고 있을 것입니다."

어쩌면 SF 같은 이야기였으나 드론의 기술혁신을 이야기하는 노나미 교수의 얼굴은 매우 진지했다. 드론이 고속이동을 반복하면서 산업용 임무를 실행하고 완수할 때까지 발전한다는 전망은 매우 현실성이 있다는 것이다. 연구자 관점에서, 몇 년 후 하늘을 올려다보면 여러 대의 산업용 드론이 작업하는 광경을 볼 수 있을 것이라는 예측은 결코 몽상에 그치지 않을 것이다.

"드론의 기동성은 몇 가지 발전단계가 있습니다. 아직은 발전하는 도중에 있습니다. 현재는 Onboard Route Replan이라는 비행

중 드론 경로를 재설정하는 레벨까지 도달했습니다. 앞으로 목표는 Distributed Control, 즉 분산형 제어입니다. 전체적으로 느슨한 컨트롤이 이루어진 여러 대의 드론이 복합적으로 비행하는 단계를 거쳐서 최종적으로 Fully Autonomous Swarms, 즉 자율적인 생물 무리와 같은 움직임을 실현하고 싶습니다."

Fully Autonomous Swarms는 생물 비행이라고도 불린다고 한다. 가령 드론에 발이 달려서 촬영 동안 나뭇가지에 내려앉아 있을 수 있는 레벨을 상정하고 있다고 한다. 이를 통해서 에너지를 자동으로 절약할 수 있으며 촬영시간 등 임무를 처리하는 시간도 연장할 수 있다는 것이다.

"솔직히 아직 개발 현장에서 최종 단계는 윤곽도 보이지 않습니다. 그래도 10년 후 정도에는 실현하고 싶습니다."

최근이 돼서야 가까운 미래 사회를 상징하는 기술로 주목받는 드론이지만, 수십 년에 걸쳐서 기술개발이 안 된 미개척지를 개척해온 연구자의 머릿속에는 더욱 선명한 이미지가 떠오르는 것일까? 과연 교수가 이야기하는 드론 기술이 실현될 수 있을지 결과는 아직 시간을 두고 지켜볼 필요가 있을 것 같다. 그러나 꿈을 이야기하는 그의 표정에는 티끌 한 점 찾을 수 없었다.

"우리는 지금 기술 검정과 인재 육성에도 힘을 쏟고 있습니다. 당면 목표는 드론을 하나의 산업으로 만드는 것입니다. 현재 컨소시엄을 중심으로 함께 드론 사업에 참여하는 관계자들 역시 드론을 새로운 산업으로 확립시키겠다는 열의가 높습니다. 드론 실용화가 진척되면 인간과 로봇이 공생하는 첫걸음이 될 수 있을 겁니다."

드론은
어디로 날아갈까?

현재 일본 신문과 인터넷에서 드론 관련 뉴스가 안 보이는 날이 없다. 거기에는 경제효과를 기대하는 긍정적 보도도 있고 추락과 범죄 이용을 우려하는 부정적 보도도 있다. 찬반양론이 대치하는 양상은 일본에만 한정된 것이 아니다. 새로운 기술로 드론의 등장은 전 세계 곳곳에서 논의의 중심이 되고 있다. 이런 격론은 앞으로 얼마 동안 계속될 것이며 결론이 쉽게 나지도 않을 것이다.

다만 드론이 이미 사회 여러 측면에 변화를 촉구하고 있다는 것만은 틀림없다. 군사, 인프라, 농업, 재해현장, 엔터테인먼트, 취미 등 다양한 분야에서 드론의 존재감은 나날이 커지고 있다.

또한, 드론의 등장으로 각국은 안전성 확보와 드론 산업의 건전한 발전이라는 주제 사이에서 법 정비로 내몰리고 있다. 과학기술의 진보에 후퇴가 없는 이상 드론은 더 큰 존재감을 지닐 것이다.

그리고 드론은 한 가지 철학적 질문을 던지고 있다.

그것은 '인간과 로봇의 공생이 가능한가?'라는 질문이다.

성능이 낮은 로봇은 용도가 불확실하거나 안전성에 대한 우려로 실용화가 곤란하다. 반면 고성능 로봇은 인간의 일을 빼앗거나, 인간이라는 존재 자체를 부정할 수밖에 없다는 관점에서 윤리적 문제를 제기하며 실용화에 반대하는 사람들도 적지 않다. 그런 점에서 드론은 가능성이 많이 남아있다. 인간이 할 수 없는 일, 혹은 하고 싶지 않은 일을 담당하며 리스크를 줄이고 인간의 능력을 보완해주는 로봇으로 활약할 것이 기대된다.

기술, 법률, 그리고 인간과 로봇이라는 존재에 대한 철학적 질문. 드론의 앞에는 수많은 난관이 기다리고 있다. 자동차, PC, 인터넷 등 기술혁신의 모든 산물이 그러했듯이 드론도 실용화를 위한 시련을 겪고 있다고 할 수 있을 것이다.

나는 드론이 인간 사회를 더욱 풍요롭게 해줄 것이라 희망적으로 예측한다. 무엇보다 드론 산업 관계자들은 희망이 넘치고 책임감으로 가득 차 있었다. 그리고 그런 관계자들의 에너지가 일시적인 붐에 들뜬 일회성이 아니라는 것을 취재한 당사자로서 강조하고 싶다.

앞으로 드론은 어디로 날아갈까?

아무쪼록 많은 사람들이 가슴에 품은 희망적인 미래가 현실이 되기를 바라 마지않는다.

귀중한 지면을 개인적 이야기에 할애해서 송구하지만 내 고등학생 시절 꿈은 로봇을 만드는 직업에 종사하는 것이었다. 이과나 미술 과목에서 남들보다 뒤떨어지는 주제에 만화나 소설, 영화에 나오는 로봇의 존재를 동경해 진로상담을 할 때 담당 선생님께 머뭇머뭇 털어놓은 적이 있다. 그때 선생님은 온화한 미소를 지으며 내 어깨를 상냥하게 토닥거리면서 장래에 대해서 이렇게 이야기해주셨다.

"누구나 자신에게 걸맞은 일과 그렇지 못한 일이 있다."

이번에 드론 개발 관계자들의 열의를 접하면서 새삼스럽게 선생님의 말씀이 떠올랐다. 로봇 개발의 길은 실력과 인내력, 그리고 무엇보다 비전이 필요한 일이라는 것을 뼈저리게 느꼈다. 인내력도 없고, 내일의 예정도 뜻대로 실행하지 못하는 나에게는 분명히 걸맞지 않은 일이었음이 분명하다. 다만 그 후 약 15년이 지난 지금 로봇 신시대의 주역인 드론에 대해서 책을 쓴다는 형태로 관여할 수 있어 매우 고맙고 신기한 마음이다.

'인간과 로봇이 공생하는 사회가 온다.'

그다지 선명하게 기억하지는 못하지만 1983년에 태어난 내가 고등학생일 때쯤 1990년대 후반에는 그런 말이 그럴듯하게 돌기 시작했던 것 같다. 물론 나만 모르고 있었을 뿐이고, 이전부터 전 세계와 역사 곳곳에서 반복됐던 말이었을 것이다. 호기심이 생겨 조금 조사해보니 자동기계와 자동인형을 만들고 싶다는 인간의 욕망은 기원전부터 이미 존재했다. 그 사실에 매우 놀랐다.

기원전 1세기 무렵에는 그리스 발명가 헤론이 자동기계를 고안하고, 기원전 8세기에 쓰였다는 호메로스의 서사시 '일리아드'에는 가장 오래된 로봇 '황금의 미녀'가 등장한다.

그 후 수천 년 동안 이야기되었던 인간과 로봇이라는 테마가 본격적으로 태동하려고 한다. 그런 새로운 역사의 개막을 주도하는 것 중 하나가 이 책의 주인공 드론이라는 것은 틀림없다. 앞으로 드론 보급을 계기로 다른 로봇도 시민권을 얻을 수 있지 않을까? SF 속 세계가 아닌 우리가 사는 이 세계에서 말이다.

2015년 5월 28일 디앤에이DeNA는 로봇개발 벤처기업 제트엠피ZMP와 합동으로 로봇택시라는 새로운 회사를 설립했다. 이 회사는 2020년 도쿄 올림픽까지 운전사가 필요 없는 완전자동주행을 목표로 하고 있다.

디앤에이가 참여한 자동주행이라는 분야는 드론 등의 자동비행, 그리고 원격의료와 함께 전 세계가 주목하는 로봇 산업 분야의 한 부분이다. 법 정비 문제와 안전, 리스크에 관한 논의가 드론 이상으

마치며

로 복잡해질 것이 분명하나 마음 설레는 이야기이다. 앞으로 다른 로봇 기술도 상업화를 향해 움직이기 시작할 것이다. 로봇 팬인 나로서는 드론이 여론의 이해를 얻고, 차세대 로봇을 위한 획기적인 시금석이 되기를 바란다.

이제 이 책을 마무리하며 취재에 협력해준 드론 관련 기업, 전문가, 그리고 서적 간행의 기회를 준 출판사 편집부 여러분에게 각별한 감사를 하고 싶다. 또한《주간 SPA!》의 특집 기획부터 이 책의 집필까지 도움을 주신 담당 편집자 코켄 씨에게는 새삼 인사를 드리고 싶다. 마지막으로 취재와 집필을 할 때 고락을 함께했던 신무광 씨, 이책 씨, 오승호 씨에게 감사의 마음을 전한다.

참고문헌

《내각부 지방부흥실 근미래 기술 실증특구 검토회 의사요지》
《최신 R/C 하비 완전해설서》(에이 출판사)
《Newton》(2015년 3월호/뉴톤 프레스)
《드론(비행로봇)의 최신 동향과 전망》(노나미 겐조/자율시스템연구소)

● 아래의 웹 기사를 비롯해 국내외 뉴스 사이트, 연구기관, 관광청의 웹 사이트를 참고했습니다.
〈드론이 붐이 일고 있는 미국에서 벤처 기업이 생각하는 성장분야란〉(닛케이 BP 넷)
〈드론 제조업체 중국 DJI, 미국 엑셀 사에서 7,500만 달러 조달〉(월스트리트저널)
〈세계에 출몰 중국제 드론 '팬텀'이란? 개발 벤처기업이 저가격으로 급성장〉(니혼게이자이신문)
〈세계를 수놓는 중화 드론의 요람은 스마트폰 공장〉(니혼게이자이 신문)
〈패럿의 소비자용 드론은 매출액이 1년에 6배 증가… 제품 기획의 승리〉(테크크런치)
〈한국 드론 산업 발전을 위한 제언, "싱가포르와 미국의 장점 벤치마킹을…"〉(더 아시아 N)
〈Secom's New Security Drones Trails, Records Intruders〉
(securitysales.com)

● 취재, 보도협력
신무광, 오책, 오승호

● 취재협력기업
자율제어시스템연구소
주식회사 세콤
야마하발동기주식회사
주식회사 세키도

● 원서 사진제공
지지통신

드론의 충격

초판 1쇄 발행 | 2016년 2월 26일

지 은 이 | 하종기
펴 낸 이 | 이은성
펴 낸 곳 | e비즈북스
편　　집 | 이유송
디 자 인 | 백지선

주　　소 | 서울시 동작구 상도동 206 가동 1층
전　　화 | (02) 883-9774
팩　　스 | (02) 883-3496
이 메 일 | ebizbooks@hanmail.net
등록번호 | 제 379-2006-000010호

ISBN 979-11-5783-037-4 03320

e비즈북스는 푸른커뮤니케이션의 출판브랜드입니다.

이 도서의 국립중앙도서관 출판시도서목록(CIP)은 서지정보유통지원시스템 홈페이지(seoji.nl.go.kr)와 국가자료공동
목록시스템(www.nl.go.kr/kolisnet)에서 이용하실 수 있습니다.(CIP제어번호: CIP2016003229)